しずおか
防犯《マニュアル》
MANUAL

自分のことは自分で守る時代

ひと昔前まで、日本では「水と安全はタダ」などといわれてきた。しかし、近年、そんな安全神話が音をたてて崩れ始めている。

静岡県内の犯罪の発生件数は、ここ十年で約二倍になった。犯罪の伸び率は、全国平均をはるかに上回っている。とりわけ、刑法犯の中で大きな割合を占める「窃盗犯」が加速度的に増え、その結果、犯罪検挙率も著しく低下した。重要窃盗犯（侵入窃盗、自動車盗、ひったくり、すり）に限って見れば、平成九年ごろまで80％前後で推移していたが、ここ数年で一気に30％前後まで激減。つまり、三件の犯行のうち、二件は捕まらないわけである。日本が世界有数の「安全な国」だったのは、もはや過去のこと。「自分のことは自分で守る」というシビアな時代に突入している。

しかし、これだけ日常生活の危険度が増しているにもかかわらず、一般家庭の防犯意識は相変わらず低い。テレビや雑誌でも防犯をテーマにした内容を盛んに取り上げているが、個人レベルではまだまだ「他人事」という感覚から抜けだせないのが現状だろう。空き巣などの住宅侵入窃盗に対しても「わが家には盗まれる物なんてないよ」と油断している人が多いのではないだろうか。事実、いまだ県内の多くの家で、玄関ドアに「ピッキング」で十秒とかからずに開いてしまう防犯性の低い錠を使っている。泥棒にとっては、まさに天国だ。

また、近年では「サムターン回し」「カム送り」「ガラス破り」といった新手の手口も次々と登場している。明日はわが身、いや、今この瞬間にも、あなたの家は狙われているかもしれない。

目次

第1章　わが家の防犯

わが家の防犯は、戸締まりを見直すことから

県内の住居への侵入窃盗被害は、平成十年頃から急増している。ピッキング、サムターン回し、カム送り解錠、ガラス破りなど、その手口は年々進化する一方だが、防犯の基本「戸締まり」を忘れたことによる被害も意外なほど多い。平成十六年は、空き巣全被害のうち約三割、忍び込み全被害のうち約六割が、無施錠だった。ペイオフが全面解禁となり、防衛手段として現金を手元に置く人が増えている。大切な財産を守るためにも、住まいの防犯対策は完璧にしておきたいものである。

次ページ以降の事件ファイルでは、県内で実際に起きた事件を参考に、代表的な手口をドラマ仕立てで紹介する。被害者を自分に置き換えたとき、その行

動に思い当たる節はないだろうか。犯罪者は、あなたのスキを抜け目なく狙っている。

ポイント!

◆鍵のかけ忘れによる被害は意外に多い。空き巣では約3割が無施錠。忍び込みでは、約6割が無施錠だ。

◆貴重品を仏壇に隠しても、窃盗のプロは苦もなく発見する。

◆「田舎だから安心」は大間違い。

◆留守中でも、ラジオなどをつけておき、留守と悟らせない。

事件ファイル01

まさか！　アパートの隣人が……

A子さんは市内のアパートで、ひとり娘のB子さんと暮らしていた。会社勤めをしていて、B子さんも高校に通っているため、平日の昼間はアパートを留守にすることが多かったという。

A子さん宅の隣には、Cという三十六歳の独身女性が住んでいた。A子さんは仕事に出掛ける朝などに、時折、アパートの前でCと顔を合わせたが、軽く会釈する程度で言葉を交わしたことはなかった。しかし、実はCは普段から隣家の行動を観察し、帰宅時間や交友関係などをそれとなく探っていたのである。そして、これらの情報を元に窃盗計画を練り、実行の機会をうかがっていたのだ。

犯行当日の午後、Cは周囲に人けがないのを確かめ、A子さん宅に近づいた。留守は確認済みである。玄関ドアに手をかけると、何の抵抗もなく扉が開く。チャンス到来だ。自分の家と同じなので、間取りは把握している。Cはそのまま中に入ると、急いで金めの物を物色し始めた。

A子さんの娘のB子さんは、その日、学校行事の関係で、普段より一時間ほど早く帰宅した。玄関の前に立つと、いつもの習慣で、とりあえずドアノブを回してみる。案の定、ドアは無施錠だった。うっかり者のA子さんは、玄関の錠をかけ忘れて外出する事がよくあるのだ。遅刻しちゃう！と慌てて家を飛び出す母の姿を想像し、B子さんは苦笑した。

「しょうがないなあ。これじゃあ合鍵を持ってる意味がないよ」

靴を脱いで家の中に入ったB子さんは、台所で水をひと口飲んだ。その

!!
ダダダッ

時、居間の方でガタンと何かが倒れる音がした。思わず振り返るB子さん。

「あれ、母さんいるの？」

声を上げると同時に、居間からCが飛び出してきた。恐怖で身体が硬直しているB子さんの脇をすり抜け、Cは玄関ドアに体当たりしてものすごい勢いで走り去った。B子さんは、その場にへなへなとしゃがみ込んだ。

しばらくたって我に返ったB子さんは、急いでA子さんの携帯電話に連絡を入れた。仕事場から戻ったA子さんが、引き出しに入れてある貴重品を確認すると、タンス等に入れてあった指輪やブレスレットがすっかりなくなっていた。被害品は合計四十四点、時価百七十万円近くに及んだ。

しかし、幸いなことに、B子さんは犯人の顔をしっかり覚えていた。この目撃証言に加え、質屋に入質された盗品も確認され、後日、Cは窃盗罪で逮捕されることになった。

教訓1 無施錠の習慣は今すぐ改める

不用心であることはいうまでもない。さらに、無施錠が習慣的になっていると、侵入者がいても気付かないことがあり、部屋の中で犯人と鉢合わせする可能性も高くなる。

幸い、今回の事件ではけが人が出なかったものの、家人に発見されたことで空き巣が強盗に変身することは珍しくない。とりわけ、外国人型犯罪の場合は犯人が凶器を所持していることも多く、ちょっとしたきっかけで強盗致傷・強盗殺人事件に発展する危険性がある。

犯罪の発生をいち早く察知することは、身の安全を守る鉄則だ。玄関ドアをあけて、靴がズレていたり、室内で物音がするなど不審な兆候があったら、絶対に家の中には入らず、すばやく警察に通報すること。

教訓2 隣人でも信用するのは禁物

今回のような隣家を狙った犯行は意外に多い。同じアパートやマンションは間取りが似ているので、犯罪者がそこの住人を狙おうと考えた場合、侵入後の動きや逃走経路などの点から非常に有利になる。

さらに、ターゲットの行動パターンも観察しやすく、目撃者がいなければ犯人を特定するのも難しい。中には、毎日少しずつ盗みを働き、翌朝、知らん顔で挨拶するという大胆不敵な犯罪者もいるようである。

人を見たら……ではないが、とりわけ都市部では、隣人であっても安易に信頼するのは危険である。まして、財産の話や貴重品の保管場所などを話題にするのは論外。犯罪者は井戸端会議のうわさ話にも聞き耳を立てているのだ。

教訓3 貴重品の保管場所に注意

窃盗のプロは、普通の人が「まさかココは探さないだろう」と考える隠し場所を、経験と勘で簡単に探り出してしまう。

基本的に、人間の目の高さにある引き出しや扉は最初に狙われやすい。寝室のタンス、冷蔵庫の中、仏壇、ごみ箱の底も危険度大。意外な盲点だと思いがちな場所ほど見つけられやすいのだ。なお、金庫はかなり重量があれば別だが、五十キロ程度のものなら大人二人で簡単に持ち出されてしまう。

対策のひとつとして、預金通帳や貴重品を一カ所にまとめず分散させて隠すようにするのも手。犯行時間は長くても十分程度なので、被害を軽減させる効果がある。また、通帳と印鑑を別々に保管する、というのも基本だ。

防犯コラム

泥棒のクセ

「無くて七癖」という言葉があるが、泥棒も犯行時についやってしまう習慣やクセがあるという。

多くは計画的な犯行であるため、指紋などの決定的な証拠を残すことは少ないが、ベテラン捜査員になると、犯行手口や錠を開ける方法、靴跡、盗まれた品物、物色の手順など、現場に残されたわずかな痕跡から、高い確率で犯人の目星をつけるという。

中には、仕事前の緊張をほぐすため、侵入した家の庭で必ず大便をするという、はた迷惑な常習犯もいるそうだ。

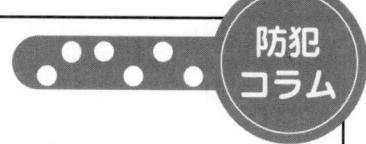

事件ファイル02

訪問販売のついでに小遣い稼ぎ

訪問販売員だったAとBは、来る日も来る日も、仕事で県内各地を飛び回っていた。給料は売り上げに応じた歩合制。不況の影響で商品の売れ行きが芳しくなく、生活は楽ではなかった。

会社の同期として交友関係にあった二人は、ある日、仕事帰りに酒を飲みながらこんな会話をしていた。

「全然、売れないな。今月の給料も厳しいよ」

「日中は留守の家が多いしなあ。せっかく行っても無駄足ばっかりだ」

「あー金が欲しい。どこかにもうけ話が転がってないかな」

すると、後ろで飲んでいた先輩のCが、興味深げに話に割り込んできた。

「田舎の方だとよぉ、留守にしている家でも、玄関や窓が開いてることって多くないか？」

確かに、農村部などでは、玄関が開けっ放しなのに声をかけても反応がないことがよくある。Cが声を落としてささやいた。

「誰もいなけりゃ、簡単に入れるぞ」

二人は大きくうなずき、顔を寄せた。

「家に人が居たらセールスする、留守だったら小遣い稼ぎする。いいアイデアだろ？　会社の車だから、近所をうろついてても怪しまれないしな」

三人は意気投合し、さっそくCの計画を実行に移した。

最初に狙いを定めたのはＩ市で農業を営むＤさん宅。時刻は午後二時。ちょうど農作業で畑に出ている頃である。

Aを見張り役として車に残し、BとCが玄関に向かう。呼び鈴を押して反応を確かめるが人の気配はない。玄関の引き戸に手をかけると、案の定、無施錠だった。二人はにやりと顔を見合わせ家屋に侵入し、引き出しの中から財布や現金を盗み出した。

この成功に味をしめた三人は、訪問販売の合間に犯行を重ねていった。狙った家はたいていどこかに無施錠のドアや引き戸があったため、近所の人に怪しまれる事もなく侵入に成功した。また、この窃盗グループは高価な物を盗まず、数千～数万円という少額の現金を中心に狙った。このため、中には空き巣に入られたことに気付かない被害者もいたようで、結果的に同地域で複数回にわたる犯行を繰り返すことが可能となった。

しかし、やがて犯行現場付近の住民から社名が入った不審車の目撃情報が寄せられるようになり、三人はほどなく御用となった。

教訓1 「田舎だから安心」は過去の話

近年、この例のような農村部を狙った空き巣被害が多発している。地域住民が顔見知りであることが多く、昔からの習慣で、外出時に無施錠の家が多いことが原因だ。

広い立派な和風住宅などでは窓も多く、すべての出入り口を施錠するのは面倒臭いという気持ちもわかるが、これでは「盗んでください」といっているようなもの。とりあえず玄関だけ締めておけば大丈夫だろう……泥棒はその油断を突いてくるのである。

こんな田舎に泥棒なんているわけがない、という根拠のない思い込みも、今すぐに改めるべきだ。

教訓2 泥棒に留守を悟らせない

泥棒が留守を見抜く方法としては、インターホンで呼びかける、電気メーターを見る、人の動きを観察する、電話をかける、窓ガラスに石などを投げるなど。昼間なのにカーテンや雨戸が締まっていたり、郵便受けに新聞がたまっているなど、ひと目で留守とわかる家は確実に狙われてしまう。

夜間、明かりがつかず真っ暗になっている場合も危険である。出掛ける際には、家の中のどこか一カ所照明をつけておいたり、ラジオをつけっぱなしにしておくなど、泥棒に留守を悟られないようにしたい。

旅行等で長期間不在にするときは、隣近所にひと声かけるのも忘れずに。貴重品は家に置かず銀行の貸金庫等に保管を。また、留守番電話に入れるメッセージは「留守にしています」ではなく、「すぐに戻ります」が賢明。

教訓3 犯罪者は普通の人を装う

現行犯などで逮捕された泥棒は、ほとんどが目立たない格好をしている。スーツを着た営業マン風や、つなぎ服で配達員を装ったりすることも多い。彼らは決して、ひと目で泥棒とわかるような格好はしていない。ベテラン刑事は態度や目つきで犯罪者をかぎ分けるというが、一般人には、まず区別がつかないだろう。

また、最近はパソコンの普及で印刷物なども簡単に作れる。大会社の社名入りの名刺を持っているからといって素直に信じてはダメ。社名入りのクルマについても同様だ（会社名シールを作って貼っている場合もある）。

犯罪被害に遭わないためには「初対面の訪問者は常に疑ってかかる」という用心深さが必要だ。

防犯コラム

泥棒豆知識

空き巣の常習犯は、物色中に家人に見つかって捕まりそうになっても、絶対に抵抗はしないという。ちょっとでも手を出したら、その瞬間に、罪名が「窃盗」から「強盗」に格上げされてしまうからだ。「強盗」の罪は「窃盗」より格段に重い。このため、素直にお縄をちょうだいする方が得策と考えるようである。ただし、外国人犯罪者の場合はこの限りではない（34〜35ページ参照）。

ベテランの泥棒は、タンスを下の段から物色する。上から探した場合、いったん引き出しを閉めてからでないと、次の段に移れないからだ。1秒でも早く仕事を終えたいという気持ちの現れだろう。

事件ファイル03

風呂場の窓を割って大胆に侵入

Aさんは単身赴任のアパート住まい。仕事帰りに外で夕食を済ませてくるため、帰宅はほとんど午後九時過ぎだ。住人の大半を学生と独身のサラリーマンが占めるこのアパートでは、深夜に帰宅する人も珍しくない。

H市内に住む無職の少年Bは、遊ぶ金欲しさに、万引きや空き巣を繰り返す毎日を送っていた。その日の夕刻、たまたまAさんのアパートの前を通りかかったBは、辺りは薄暗いのにどの部屋にも明かりがついていないことに気付いた。

(誰もいないのか……)

Bは一階のベランダ越しに、カーテンが開きっぱなしになっていたAさんの部屋をのぞき込んだ。中には大型のテレビと高そうなＡＶ機器が並んでいる。お金のにおいをかぎ付けたＢは裏手に回り、Ａさんの部屋の場所を確かめ、換気口の下の窓に手をかける。錠がかかっていることを知ると、持っていたドライバーをクレセントの部分めがけて振り下ろした。暗闇にガラスの割れる音が響く。しかし、家の中にも周囲にも、人の動く気配はない。Ｂはほくそ笑み、割れた部分から手を伸ばしてクレセントを解錠し、窓を開けて靴のまま風呂場に侵入した。

事件当日の夜、Ａさんは居酒屋で飲んでから、午後十一時過ぎにほろ酔い気分でアパートに戻った。玄関から居間に直行したＡさんは、そのままソファに倒れ込んだが、昨夜も入浴していないことを思い出し、重い腰を上げて風呂場に向かった。

風呂場の扉を開けた瞬間、Aさんの頭に「?」マークが点灯した。ガラスが割れ、窓が開きっぱなしになっているのだ。よく見れば、風呂場の床には靴の跡。半分眠りかけていた頭が、徐々に鮮明になってきた。

「泥棒だ!」

Aさんはあわてて居間へ戻り、テレビ台の中をガサゴソと探る。そこに置いたはずの現金二十九万円が入った封筒は消え失せていた。さらに、ベッド脇のデスクからは仕事上のデータが入ったノートパソコンが持ち去られていた。突然の出来事に、Aさんの酔いはすっかり冷めてしまった。

被害届を出してから約二カ月後のこと。警察から犯人が捕まったとの連絡が入った。少年BはAさん宅での犯行後も各地で盗みを重ねたが、同じ町内の民家からオートバイを盗んだところを現行犯逮捕。その後の調べで、Aさん宅の犯行も少年Bの仕業と判明、窃盗容疑で再逮捕された。

教訓1 泥棒は侵入口を選ばない

犯罪者の狙い目は、一般人が「まさか、こんなところからは入らないだろう」と油断している場所。人間の身体の特性で、肩さえ抜けられる幅があればどんな場所からも侵入は可能なのだ（65ページ参照）。

身軽な泥棒なら、トイレや台所に設けた換気用の小窓からでも何の苦もなく入ってくる。こういった窓は性質上、常に少し開けておくという家も多いので要注意だ。

また、格子がついた窓でも、その幅が十八センチ以上開いている場合は防犯効果が薄いと心得よう。ルーバー窓はガラスが外されやすいので、不安な場合は面格子に替えるなど対策を講じたい。

教訓2 侵入に十分以上かかれば諦める

犯罪者は手間がかかること、時間がかかることを嫌う。なるべく手早く仕事を済ませてさっさと逃げることを常に念頭に置いている。ベテランの空き巣ほど犯行時間が短いものである。

統計的に見ると、侵入に五分以上かかると七割、十分以上かかると九割の空き巣が犯行を諦めるという。しっかりとした戸締まりはもちろん、時間稼ぎという意味でも、ワンドア・ツーロック（簡単に開けられない錠を一つのドアや窓につき最低二つ設置する）を心掛けたいものである。

教訓3　盗まれるのは現金だけではない

空き巣が狙うのが現金や貴金属だけだと思ったら大間違い。ベテランの中には「足が付く」ことを恐れて現金以外には決して手を出さない者もいるが、基本的に現金化できるものであれば何でも狙われると考えるべきだろう。

預金通帳、クレジットカード、有価証券はもちろん、運転免許証や健康保険証などの身分証明書類も、闇ルートで簡単に換金できる。個人の「情報」は高い値段で売買されるという。パスポートを盗まれた場合は、犯罪に使用されるケースが多い。ノートパソコンやデジカメなどの家電類も狙われやすい品物。盗まれた品物はネットのオークションなどに出品されることも。

また、空き巣被害に素早く気付くためにも、部屋の整理整頓、貴重品の管理、定期的な預金通帳の残高確認を日頃から心掛けたいものである。

被害に遭ったらすぐに措置を

被害品が悪用されないよう、キャッシュカードやクレジットカードは発行会社に連絡して停止手続きを、携帯電話は携帯電話会社に連絡して停止手続きをとる。自宅や車両の鍵は、スペアを作られている可能性があるので必ず取り替えたい。

●再交付などに必要な費用・日数

品物	手数料	日数
キャッシュカード	再交付手数料1050円くらい	約1カ月
クレジットカード	再交付手数料525〜1050円くらい	約2週間
携帯電話	機種変更の場合1〜5万円くらい	約1〜4時間
運転免許証	再交付手数料3350円	警察署約3週間 免許センター約1時間

※各会社によって手数料や日数は違うので電話で確認を。

防犯コラム

らの意識の中に「空き巣」と「強盗」の区別はなく、「目撃者は面倒だから殺そう。いざとなったら高飛びするさ」と考えるため、行動が大胆になりやすいといわれている。最近は、留守宅で待ち伏せして、帰宅した家人を凶器で脅かしたり、暴行を加えて金品を奪うという手口も増えてきた。万が一、犯行現場に居合わせても、決して捕まえようなどとは思わないことである。

県内来日外国人による犯罪状況（平成16年）

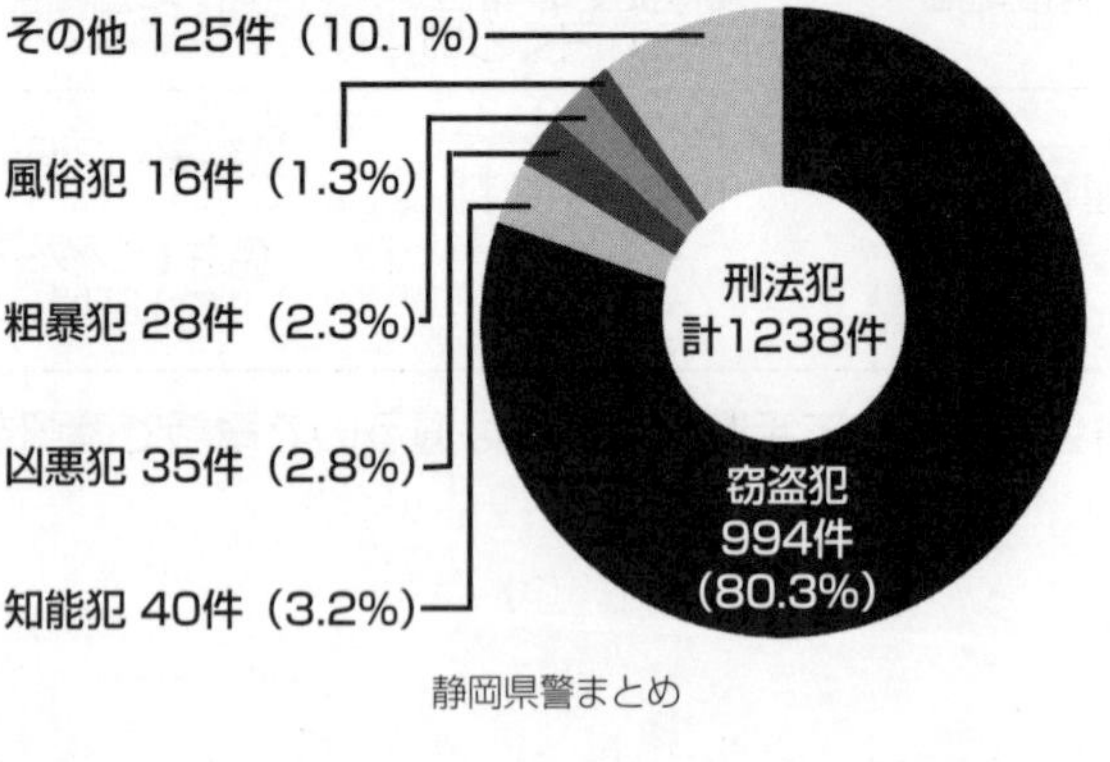

静岡県警まとめ

外国人型犯罪の特徴

不法滞在外国人の急増に伴い、外国人犯罪の発生件数が激増している。罪種別では、窃盗犯の割合が圧倒的。刑法犯全体の8割にも達する。

彼らの場合、いわゆる昔ながらの「泥棒」とは異なり、完全にビジネスとして割り切って行動する傾向がある。東京や大阪などには、会費を支払い、犯行の手順やノウハウを教える犯罪者養成所もあると聞く。解錠専用工具など、犯行に必要なアイテムも闇のルートで簡単に手に入るようだ。

また、犯罪の組織化・国際化も着実に進んでいる。犯行で入手した金品が、地下銀行を通じて本国の犯罪組織に流れることもあるという。暴力団やマフィアが絡んでいるケースも少なくないようだ。

一般的に「家の人に見つかれば泥棒は逃げる」と思いがちだが、外国人犯罪者は侵入して住人に気付かれた場合、強盗に変身することが多い。彼

犯行手口を知り、防犯する

犯行時間帯は?

静岡県内では「忍び込み」が深夜〇～午前三時、「空き巣」が午前六～九時に多く発生している(平成十六年)。

全国的に見ると、朝八～十時という時間帯が空き巣のピーク。主婦が夫や子どもを送りだし、家事などで忙しくしている時間だ。朝のゴミ捨てに行く際は無施錠のことが多いが、プロの泥棒なら、お隣さんと立ち話をしているわずかな時間で楽々と犯行に及ぶことができる。ひと息入れてくつろぐ午後の早い時間も、無施錠のまま昼寝をするなど、油断していることが多いので要注意。

泥棒はどこから侵入する？

空き巣の場合、一戸建てでは居間の窓がトップ、続いて台所や浴室・トイレの窓、勝手口、玄関、ベランダの順。マンションではベランダの窓からの侵入がトップで、次は玄関の順。階数では一階が断トツで、以下、二階、最上階の順。最上階は屋上から入りやすく人目にもつきにくいため、狙われるケースが増えている（65ページ参照）。

犯行時間はどれくらい？

犯行時間が長くなればなるほど、誰かに発見される危険が高くなるので、侵入から物色を終えるまでの時間は十～十五分程度。つまり、万が一侵入されても、物色に時間がかかるような対策を施しておけば、被害は最小限に食い止めることができる。

最も簡単で有効な時間稼ぎの手段は、事件ファイル01の教訓でも解説しているが、金品の保管場所を分散させておくこと。さらに、少額の預金を入れたダミーの預金通帳をいくつか作っておくのも有効だ。

侵入の手口は？

▼ピッキング

カギ穴に専用の特殊工具を差し込んで解錠する方法。本来はカギ屋の技術である。しかし、コツさえ覚えればさほど難しくない。少し前までは工具も簡単に入手できたため、空き巣の手口として急速に広まった。

緊急警報！　窃盗団が狙っている！
こんな錠はピッキングで簡単に開く

窃盗団は上の写真のようなタイプの錠がついた家を狙っている。自宅のカギの形状やカギ穴を確認し、ピッキングに弱いものだったら今すぐ、防犯性の高いCP-C認定錠（40ページ参照）に交換を！　アパート住まいの場合は、管理人に申し出て取り替えてもらおう。

対策 自宅の錠を調べ、必要があれば「CP‐C認定錠」や「CP‐C認定シリンダー錠」など、防犯性能の高いものに取り替える（費用はドアや錠のタイプにもよるが、専門業者に頼んでも一〜三万円程度）。

※CP‐C認定錠

（財）全国防犯協会連合会が認定した防犯性の高い錠前。一定基準以上の性能を持つと認定された商品にはCPマーク（青色）を添付することができる。

※CP‐C認定シリンダー錠

急増するピッキングによる窃盗被害を防ぐために、（財）全国防犯協会連合会が耐ピッキング性能のみを評価して認定したシリンダー錠。認定された商品にはCP‐Cマーク（赤色）を添付することができる。

CP‐C認定マーク

▼サムターン回し

ドアについている来客用の小さなのぞき窓や、玄関ドアの近くにある窓を壊して手や工具を差し込み、サムターン（施・解錠操作するためのつまみ）を回して解錠する手口。アパートなどでは玄関扉についている郵便受けを壊し、直接手を突っ込んで回す場合もある。

対策 サムターンカバーを取り付けたり、室内からもロックできるタイプのサムターンに替える。

▼錠破り

ドアの隙間にバールを入れてこじ開けたり、プライヤーで円筒錠を破壊して開ける強引な手口。

対策 ガードプレートを取り付ける。木製ドアの場合はスチール製の頑丈なものに変える。また勝手口などに使われることが多い円筒錠（ドアノブの中に錠が入っているタイプ）は本来室内用なので防犯性能は低い。交換するか補助錠を取り付けるなどの対策を。

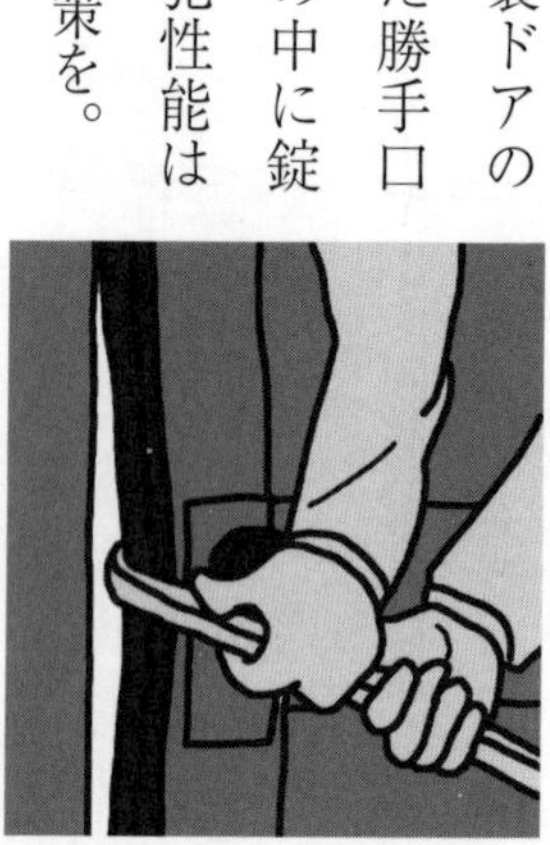

▼ドア外し

ドアの蝶番の軸を抜いてドアごと外す手口。蝶番が外側に露出している玄関ドアは危険度大。

対策 蝶番が外側に露出していない、スチール製のドアに変える。

▼カム送り解錠

別名「バイパス解錠」とも呼ばれる新しい手口。錠のシリンダーの隙間に薄い金属製の工具を差し込み解錠する。ピッキングと違い、カギ穴に傷が残らないことから、泥棒に入られてもすぐに気付かないことが多い。平成十四年九月に警視庁は、この方法で開けられる錠が全国に十五種九百万個販売されていることを発表し、ユーザーにも自衛策を呼びかけた。

対策 リングスペーサーなどでシリンダーとドアの隙間をふさぐ。

▼合カギによる解錠

盗んだカギの複製を作ったり、ポストなどに隠してある合カギを探し出し、それを使って侵入する。

対策 他人にカギを貸さない、置きカギの習慣をやめる。

▼ガラス破り

掃き出し窓などのガラスの一部を破壊し、クレセント（開閉をロックする装置だが、本来はサッシ窓の気密性を高めるためのもので防犯性能はないに等しい）を回してあける。ドライバーを使って手が入る大きさに割る「三角割り」や「突き破り」、バーナー式のライターでガラスの一部を熱した後、水をかけて割る「焼き破り」などの手口があり、いずれもほとんど音をたてずに短時間で壊すことができる。

対策 防犯ガラスに替えるか、防犯フィルムを張る。補助錠や面格子といった防犯器具の設置も効果的。

※防犯グッズについては60～63ページを参照。

ガラスの種類と特徴

高い	防犯合わせガラス（防犯用）	二枚の板ガラスの間に特殊な中間膜（0.76～1.52ミリ）を挟んで加熱、圧着したもの。
	合わせガラス（防犯用）	二枚の板ガラスの間にプラスチックの中間膜（0.38ミリ）を挟み、加熱、圧着したもの。
防犯性	ペアガラス（保温、結露対策用）	二枚の板ガラスの間に空気の層を密封したもの。
	強化ガラス（建材用、強度用）	板ガラスを強化したもの。普通のガラスの3～5倍の強度がある。
	網入りガラス（飛散防止、防災用）	ガラスの中間に金網を入れたもの。（※1）
低い	フロートガラス（一般用）	一般住宅やマンションに使われる透明な板ガラス

（※1）網入りガラスは見た目が頑丈そうなので「防犯性が高い」と勘違いしている人が多い。しかし、実際は、火災時にガラスが割れ落ちることを防ぐための商品で、防犯効果はほとんど期待できない。

ポイント！

◆泥棒は真っ昼間にも侵入する。

◆プライバシーを重視する家ほど狙われる。

◆カギ穴が「く」の字の錠は10秒で開く。

◆クレセントを「錠」だと思わない。

◆プロの泥棒は10分以内で仕事を終える。

泥棒の行動パターン

服装・道具を用意

現実の犯罪者はその場の雰囲気に溶け込んでしまう、地味で目立たない服装を好む。ただし、発見されて逃走することを考え、足元はスニーカーなどの軽装であることが多い。専用の解錠道具を持ち歩く「職人」もいるが、「ピッキング防止法（特殊開錠用具等所持禁止法）」の施行以降、ドライバーやバールなどの指定侵入用具を正当な理由なく隠して携帯するだけで摘発の対象となった。

下見

住居への侵入を試みる犯人の多くが下見をする。犬を飼っていないか、防犯意識は高いかなど、家人の行動パターンや周辺の状況を観察し、最もリスクの少ない方法を検討するのである。

また、逃走経路の確認も事前に必ず行う。犯罪者にとって、捕まらないことが第一条件なのだ。大がかりな窃盗団になると、下見、見張り、犯行など、分業で行っていることもある。

留守を確認

空き巣は家人が不在の時を狙って侵入する。そのため、犯行前にインターホンを押すといった「アタリ行為」で、留守宅かどうか確認することが多い。つまり、留守でも人がいるように思わせれば、犯罪の抑止効果が期待できるのである。逆に、居留守をつかうクセがある人は、勘違いした犯罪者と鉢合わせする危険も。

侵入

狙った家の下見をしている場合は、死角になる出入り口などを必ずチェックしている。その上で、家人や周囲の住人の行動をさりげなく観察し、タイミングを見計らって侵入を試みるのだ。また、無施錠にしている窓があれば、通りすがりでも狙われる確率が高い。

犯行

泥棒が住居の物色に費やす時間はせいぜい五〜十分程度。経験と勘を頼りに、金目の物だけをササッと盗み出してしまう。計画的な犯行の場合は、指紋や足跡などの証拠が残らないよう対策を講じていることが多い。

逃走

ベテランになればなるほど、逃げることを最優先に考えるもの。住居に侵入すると、まず、複数の出入り口の錠を開け、逃走ルートを確保してから仕事にとりかかるという常習犯もいる。

人に見られると犯行を諦める

泥棒が一番恐れるもの。それは「他人の視線」だ。犯行前に近所の人に声をかけられたり顔をジロジロ見られただけで、六割以上の泥棒が犯行を諦めるというデータもある（「財団法人　都市防犯研究センター」の資料より）。

以下、諦める可能性が高い順に「ドアや窓に補助錠がついていた」「犬を飼っていた」「警報装置が付いていた（ホームセキュリティーを含む）」「防犯カメラがついていた」「窓に面格子がついていた」などが挙げられる。ちなみに、防犯カメラはダミーでも心理的抑止効果が高いという。

泥棒は怨恨など特別な理由がない限り、高いリスクを犯してまで特定の家を狙うことはしない。ちょっとでも「危ないな、時間がかかりそうだな」と思えば、あっさり諦めて次のターゲットを探すのである。

ポイント！

泥棒は……

◆人の目を嫌う。

◆明るい場所を避ける。

◆音を嫌う。

◆手間や時間のかかることは避ける。

◆防犯意識の高い家は避ける。

インタビュー

防犯のプロが教える泥棒対策

東京や名古屋といった大都市圏に比べると、静岡県民の犯罪に対する危機意識はまだまだ低い。個人宅に限れば、本気で防犯対策をしている家は一割にも満たないといわれている。しかし、県内の空き巣被害は私たちが思っている以上に深刻化しているのだ。家の弱点は？　どんな対策を講じればいいのか？　防犯器具の販売や総合的な防犯対策を手がける「株式会社　フキ静岡」の大橋保之さんに話を聞いた。

マンションやアパートはピッキングに強い錠に替えるのが基本

Q　県内の地域ごとに防犯意識の温度差はありますか。

A　東部地域はここ二〜三年でピッキングなどによる被害が急増したので、防犯に対する関心度が高くなっています。首都圏の防犯対策が進んだため、仕事がやりにくくなったらしく、最近では新幹線で沼津まで「通勤」する泥棒もいるとか。同じ意味で、浜松でも名古屋方面からの泥棒に対して危機感が高まっているようです。

Q 県中部の防犯対策はどうですか。

A 残念ながら、県中部の住民の防犯意識はかなり低いですね。どんな錠がついているか調べたことがあるんですが、防犯性の高いものは全体の二割にも満たない感じでした。いまだにこんな錠がついてるなんて、泥棒の方がびっくりするかもしれません。

Q ピッキングに弱い錠というのは?

A カギ穴が「く」の字型の(39ページ参照)商品です。構造が簡単で値段も安いため、マンションやアパートなどに広く使われました。すでに製造中止ですが、全国にはまだ七千万個普及しているといわれています。防犯性の高いのは、三方向ディンプルと呼ばれる錠（60ページ参照）。普通の泥棒ならカギ穴を見ただけで諦めるでしょう。笑い話ですが、泥棒の自宅には最新の立派な錠がついていることが多いそうですよ。

Q 錠を変えると費用もそれなりにかかるのでは?

A ピッキング被害が急増し始めた頃は、外国製の高価な商品が使われたので、皆さん勘違いされているようですが、例えば当社の場合、一個あたり工賃と出張費込みで一万五千円程度です。作業時間も十五分程で済みます。主錠に補助錠をつけてワンドア・ツーロックに替える場合でも、全部で四万円程度（賃貸の場合は管理人に要相談を）。

一戸建ての防犯はバランスを考えて

Q ピッキング以外の手口への対策は?

A ドアの隙間やのぞき窓から解錠工具を突っ込んで開けられるのを防ぐために、サムターンカバーも効果的でしょう。ただし、カギ穴のすぐ近くにドリルを突っ込まれた場合、プラスチックのカバーでは割れますから、取り付け面にステンレスの板をつけ、その上にサムターンカバーを取り付けるのがより効果的です。ボタンを押したりカギを使うなど、何かワンアクション加えないと回らないタイプのサムターンに替えるのも手です。

Q 玄関脇の小窓や換気用の高窓には面格子をつけた方が良いと聞きますが。

A けっこう狙われる場所ですからね。ただ、後付けで外側からネジ止めする場合、そのままだと簡単に外されるので、我々は取り付けた後にネジの頭をとばしちゃいます（ドライバーが効かないようにドリルなどで溝を削る）。この状態で面格子を外そうと思ったら、電動ヤスリでネジ自体を削る必要があるので、かなり大きな音がします。泥棒は音を嫌うから、普通はそこまでやりません。防犯対策としてはかなり効果的ですね。それから、面格子がアルミ製の場合は、格子部分が簡単に折れちゃいます。バールがあればポキッといきますから、格子を金属のプレートで補強するなどして強度を上げる必要があるでしょう。

Q　一戸建ての場合、特に気を付ける点は？

A　玄関ドアをワンドア・ツーロックにするのは基本ですが、大切なのはトータルバランスを考えた防犯対策です。玄関だけ完璧にして「勝手口からは入らないから大丈夫」なんていうのは意味がありません。空き巣の侵入経路で一番多いのは掃き出し窓。ドライバーなどでガラスを割る方法が主流です。ガラスって、隅が弱いんですよ。サッシの隙間にドライバーを差し込んでちょっと力を入れれば「ピッ」と簡単に割れます。あとはバーナーを使った焼き破り。この方法だと全く音がしません。ガラスを破壊したら、そこから手や道具を入れてクレセントを回すわけです。

Q ガラス破りへの対策は？

A 防犯ガラスに替えるか防犯フィルムを貼りましょう。防犯性の高いクレセントや補助錠をつけるのも効果的。防犯グッズは組み合わせて使うことで威力が倍増します。例えば、窓の震動に反応するセンサーがあっても、ガラスを割ってスイッチを切ればそれまで。でも、防犯フィルムなどが貼ってあれば、破るのに手間取るので長い間鳴り続ける。泥棒は嫌がりますよ。

Q 最後に、防犯対策の一番大切な心構えを教えてください。

A 防犯の大敵は油断です。無施錠の習慣も絶対に改めてください。玄関のカギをなくしたというお客さんの家に行くと、私はとりあえず、「玄関以外で家の中に入れる場所」を探します。錠を壊すと手間も費用もかかりますからね。で、物置きを足場にすればベランダに上がれるとか、自分が泥棒になったつもりで侵入経路を考えて実際にやってみる。すると、二階の窓が無施錠だった、なんて例が結構多いんですよ。換気のため洗面所の窓を開けているお宅もありますが、簡単に侵入されます。また、個々のお宅での防犯対策に加え、地域全体の防犯意識を高めることも大切です。都市部では、仕事でマンションの錠を壊していても、近隣の方に声をかけられたためしがありません。これ、恐い話ですよ。解錠にはドリルなどを使うので激しい音もしますが、誰も出て来ない。僕が泥棒だったらどうするんでしょう。勘違いでもいいから、警察に通報するといった防犯行動をとってもらわないと困ります。防犯対策は、少しやり過ぎかもしれないと思えるくらいでちょうど良いのです。

【ピッキングに強い錠】
写真は三方向ディンプルタイプ。これなら、短時間でのピッキングは無理。破壊にも強く、複製キーも簡単には作れない。

【ガードプレート】
ドアの隙間（錠の部分）にバールなどを入れる「こじ開け」を防止する。見た目も頑丈で犯罪抑止効果が高い。

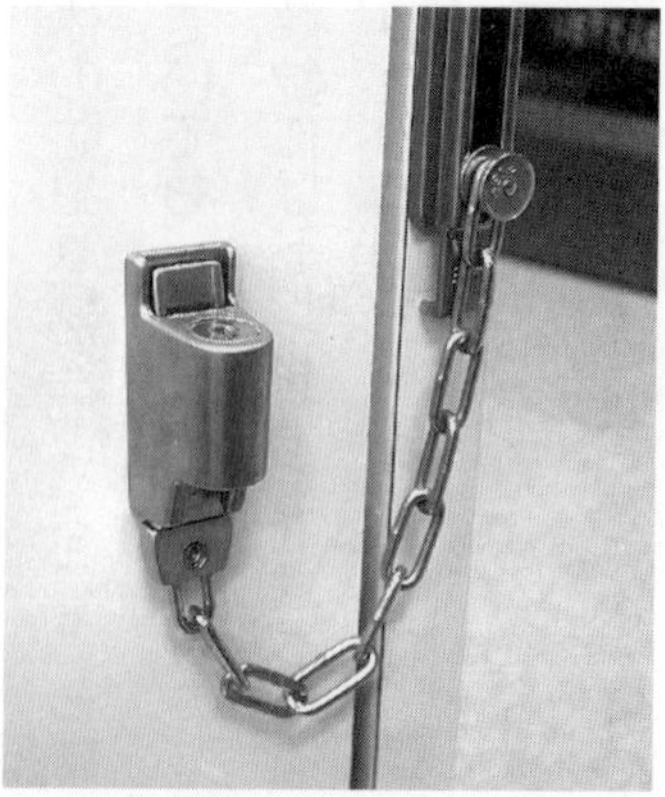

【錠付きドアチェーン】
普段は防犯用だが、万が一、室内側から開けられなくなった場合にも、外部からカギを使ってチェーンを外すことができる。一人暮らしの老人宅や、介護などでも役立つ。

●防犯グッズ【ドア編】

【遠赤外線式リモコンドア】
防犯性に優れたリモコンドア。テンキーでも開閉できる。破壊行為やこじ開けなどの不正解錠に反応する警報機能付き。

【のぞき窓のシャッター】
玄関扉についているのぞき窓を外からのぞき、留守かどうかを調べる泥棒もいる。シャッター付きにすれば安心だ。

【サムターン回しの防犯器具】
つまみボタンを押さないと回らない「空転式サムターン（左）」と、サムターン回しを防ぐ「サムターンカバー（右）」。

【盗難防止センサー】
ドアや窓を開けると磁気センサーが反応し、警報音を鳴らす。

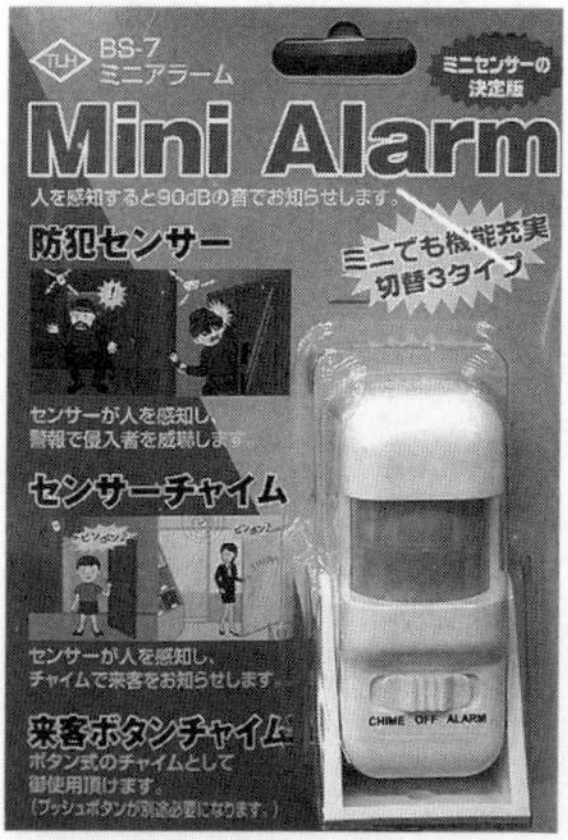

【ミニアラーム】
人の動きを感知すると90デシベルの警報音が鳴り響く。センサーチャイムとしても利用可。

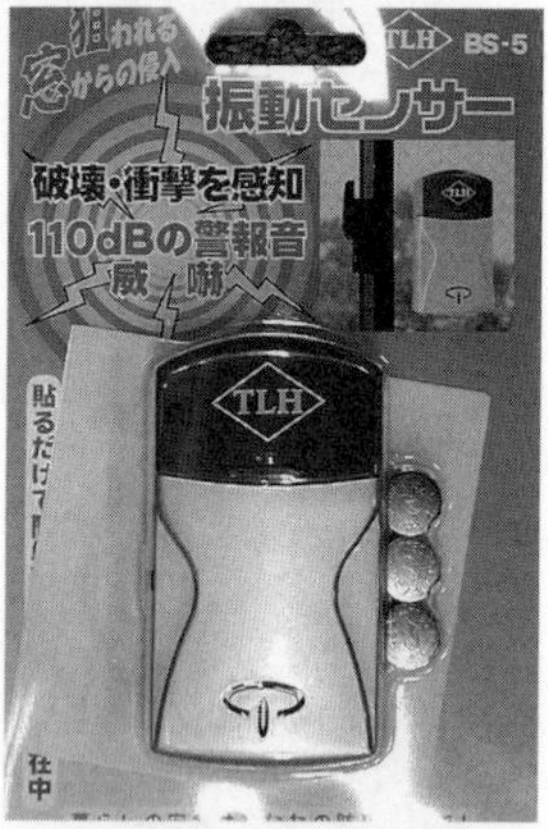

【震動センサー】
センサーがガラスを破ろうとする震動をキャッチして、警報音を鳴らし、威嚇する。

●防犯グッズ【窓編】

【防犯フイルム】
衝撃に強く、ガラスが割れても突き破ることが難しい。クレセントに手が届かないよう、室内側の左右の窓に貼るのが基本。

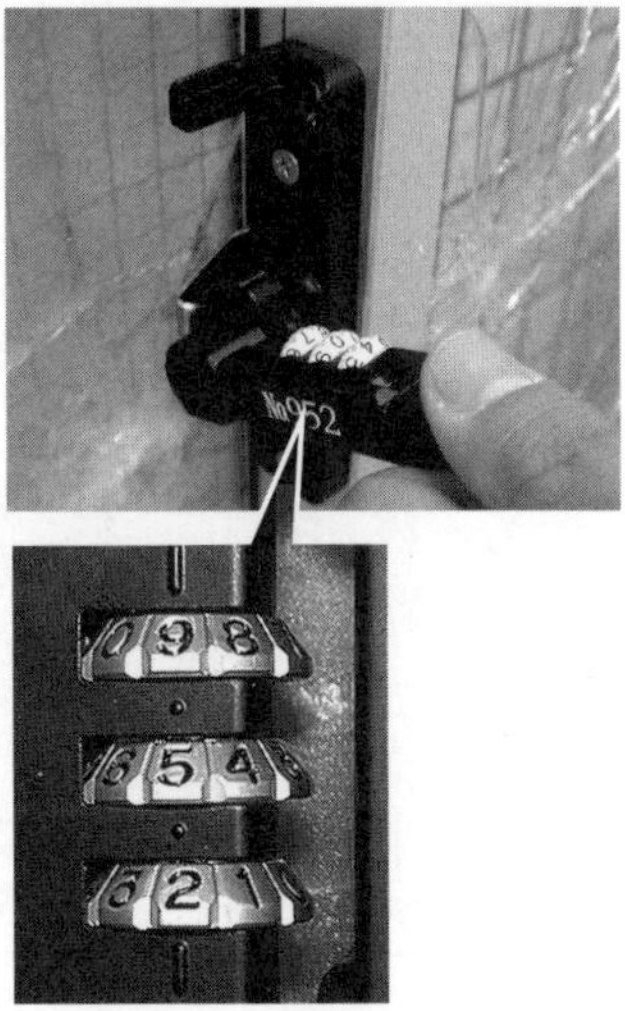

【ダイヤル錠付きクレセント】
ガラス窓を割っても、金属製のクレセント自体を壊さないといけないので、侵入は困難。

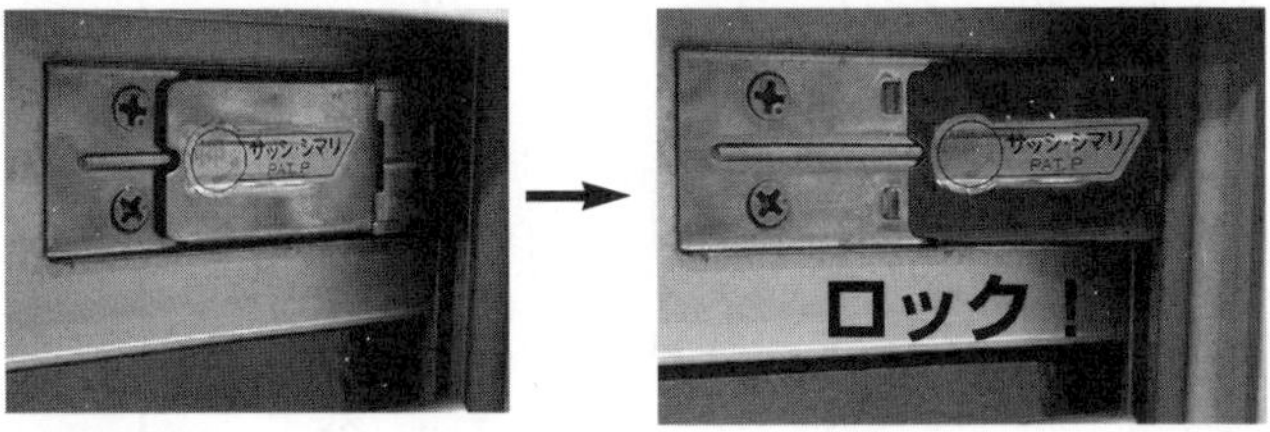

【補助錠】
両面テープとビスで固定するサッシ窓のストッパー。水平方向にはがすにはかなりの力が必要。防犯効果は高い。できれば、窓の上下2カ所に付けたい。

泥棒に狙われない家づくり

外から中の様子がわかりにくい家は、いったん侵入すれば人目を気にせず仕事ができるので泥棒に狙われやすい。ベランダに死角があったり、二階に上る足場があるなどの条件も狙われるポイントに。住まいの防犯対策の基本は「諦めさせる」「守る」「威嚇する」。まず、防犯センサーを採用したり、家の周囲の見通しを良くして犯行を諦めさせ、さらに、ピッキングに強い錠や防犯ガラスで家を守り、仕上げに警報装置やホームセキュリティーなどで威嚇する。この三段階の防犯対策が実践できれば、家に泥棒が近づくことはないだろう。泥棒がよく利用する侵入経路（左ページ）や、住宅の防犯対策のイラスト（66～67ページ）を参考にしながら、犯罪者に狙われない家づくりを目指そう。防犯機器の設置や修理については、防犯設備士に相談するのも良いだろう（153ページ）。

泥棒はどこから侵入する？ （データはすべて平成16年中）

一戸建て住宅の場合

	侵入場所	空き巣	忍び込み
1階	表出入口	11.8%	10.7%
	その他の出入口	15.8%	**27.4%**
	居間の窓	**31.8%**	22.9%
	その他の窓	20.8%	24.8%
2階	縁側・ベランダの窓	13.5%	10.9%
	不明・その他	6.3%	3.3%

集合住宅の場合

侵入場所	空き巣	忍び込み
表出入口	32.7%	23.9%
居間の窓	15.6%	10.6%
その他の窓	7.0%	13.3%
縁側・ベランダの窓	**34.1%**	**29.2%**
不明・その他	10.6%	23.0%

参考資料：静岡県警察ホームページ（上・下共）

窓ガラスにセンサー付きの防犯ブザー（震動などを察知して警報を鳴らす）をつける。

サッシの枠に補助錠をつける。

明かり取りの窓や換気用の高窓に鉄製のクロスの面格子をつける。

侵入されそうな場所に防犯カメラや防犯ブザーを設置。威嚇が目的なので、ダミーカメラでも効果はある。

家の外に置きカギをしない。

庭と家の周囲に砂利を敷く。歩くと音がするので泥棒は嫌がる。

塀を低くしたり、植栽を減らして死角をなくす。

玄関ドアをスチール製にしてCP-C錠を採用し、さらにワンドア・ツーロックにする。ガードプレートもつける。

郵便ポストに錠をつける。

玄関灯や門灯をつける。

泥棒が嫌がるのはこんな家

留守にする場合でもカーテンは閉め切らない。

掃き出し窓のガラスに防犯フィルムを貼るか、強化ガラスに替える。

物置は死角ができにくい場所に設置する。二階に登る足場にならないよう、住居から多少離しておく。

家の周りのフェンスを格子にして見通しを良くする。

庭や駐車場など、夜間、暗くなる場所にセンサー付き防犯ライトを設置。

番犬を飼う。

玄関や居間の掃き出し窓に防犯ステッカーを貼り、泥棒を心理的に威嚇する。ただし、警備会社のマークを偽造するのは御法度。

インターホンにテレビドアホンを使う。

錠つきの門扉を設置。

注：ここで紹介した防犯グッズはホームセンターなどで手に入るが、精度が求められるものは、専門の施行業者に依頼のこと。

防犯コラム

一度被害に遭った家は、また狙われる

一度泥棒に入られたから「もう来ないだろう」と安心するのは大間違い。被害に遭う家というのはどこかに弱点があるわけで、そのままの状態では、二度、三度と繰り返し狙われる可能性が高い。家の周囲の見通しを良くしたり、ドアをワンドア・ツーロックにしたり、二階への足場をなくすなど、侵入された原因と考えられる要素を洗い出して対策を講じたい。一度でも侵入されたら、スペアキーを作られている可能性があるので、錠を変えるのが鉄則だ。

ちなみに、似たような間取りの建売住宅が並んでいる地域では、一軒が空き巣に入られると連続してその周囲の家も被害に遭う傾向が強い。

第２章　身近に迫る犯罪

被害金額5億円を突破　車上ねらい

車上ねらいとは、車のドアや窓を破壊して車内の物品を盗む手口。認知件数は窃盗の中でも自転車盗に次ぐ多さとなっている。

平成十年頃までは年間六千件程度で推移していたが、平成十一年以降、ゆるやかな右肩上がりとなり、平成十五年には一万件を突破。平成十六年は約九千件と減少したが、被害金額は五億五千万円近くに及ぶ。

犯行は夜間が最も多く、発生場所では全体の約七割が駐車場での犯行。とりわけ、パチンコ店など娯楽施設や飲食店での被害が多い。もちろん、会社の駐車場や自宅の敷地内でも油断は大敵だ。車を狙う犯行では、「部品ねらい」という手口もある。カーナビ、オーディオなど据え付けの物を盗む際に車に大きな破損を与えることも多く、心理的なダメージを受けやすい。どんな場所（環境）が狙われやすいのか、またどんな手口があるのかをしっかり覚え、防犯対策を講じておこう。

ポイント！

- ◆車外から見える場所に金品を置かない。
- ◆車外にスペアーキーを置かない。
- ◆少し離れる場合でも必ずドアロックを。
- ◆一般駐車場では明るい場所に止める。
- ◆自宅の駐車場にも防犯対策を。

事件ファイル04

置き忘れたバッグに窃盗犯の目が輝く

Ｇ市内にある会社までマイカー通勤をしているＡさんは、その日、体調が優れず定時を待たずに退社した。途中、ドラッグストアで風邪薬を買って自宅へ急いだが、アパートの駐車場に車を滑り込ませるころには、ひどい頭痛に襲われていた。

「あー、ダメだ辛い。寝ちゃおう」

車のキーを抜き、キーホルダーにぶらさがっている部屋のカギを握りしめ、フラフラする足取りで車を下りるＡさん。助手席には、置き忘れたハンドバッグが無造作に転がっていた。

六年前に来日したBは、アルバイトで生活費を稼いでいたが、やがて遊び仲間から手っ取り早く稼げる「窃盗」という職業を教えられ、裏街道に踏み込んでいった。Bの主な手口は、空き巣や車上ねらい。当初は都内が中心だったが、首都圏の防犯意識が高まるにつれ、仕事場は徐々に西へと移動していった。やがて、静岡県内まで足を延ばす頃になると、下見に時間がかかる住居への侵入はやめ、車上ねらい専門になっていた。

深夜。主要幹線道路から少し奥まった、静かな住宅街にあるアパートの前を通りかかったBは、薄暗い駐車場に目を止めた。周囲に人けがないのを確認し、並んでいる車を物色するB。やがてAさんの車の前で笑みをこぼすと、持っていたドライバーの先を助手席側のカギ穴に突き入れた。

ドアはほんの数秒で簡単に解錠した。Bは車内に半身を滑り込ませると、ハンドバッグの口を開き、中にあった財布から現金やキャッシュカードを

慣れた手つきで抜き出した。犯行にかかった時間は二分にも満たなかった。

翌朝、体調が戻ったAさんは、いつものように会社に出掛けた。車内のハンドバッグに目をやったが、犯行を察知することはなかった。Bは物色の痕跡を消し、被害の発見を遅らせるという巧妙な手口を使っていたのである。カギ穴にドライバーの傷が残るため、運転席側ではなく、見落としがちな助手席側のドアを解錠する、というのも計算の内だった。

その日の昼食で財布を取り出し、Aさんは初めて異変に気付いた。幸いにして、キャッシュカードの暗証番号を知られなかったため銀行預金は無事だったが、現金は小銭に至るまですべて持ち去られていた。

二カ月後、Bは別の窃盗事件の被疑者として逮捕された。取り調べで余罪を追及され、Aさんの車上ねらいを自供。再逮捕されることになった。

教訓1 車内に貴重品やバッグを置かない

犯罪者は手間をかけず、なおかつ確実に実入りがある獲物を物色している。貴重品などが丸見えでは「狙ってください」と言っているようなもの。少年が遊び感覚で犯行に及ぶケースも多いので、刺激を与えないためにも、車内の見える位置に、現金やブランド品、パソコンなどを置かないこと。

教訓2 自宅の駐車場でも安心できない

車上ねらいは夜間に行われることが多く、薄暗い駐車場などは被害に遭う確率が高い。人の動きで点灯するライトや、防犯カメラなどを設置すれば泥棒を威嚇できる。集合住宅の場合は、大家か管理人に依頼を。

事件ファイル05

釣り人の目の前で車内を物色

釣り好きのAさんは、仕事が休みの日はほとんど海に出掛けていた。お気に入りは、自宅から車で二十分ほどの場所にある防波堤。突端にワンボックス車を止め、後部ドアから釣り道具を取り出すと、Aさんは大きく背伸びをした。

「さ〜て、大物を釣るぞ」

パイプ椅子に座り、慣れた手つきで糸を垂らすAさん。周囲には同じような釣り人がチラホラ。皆、思い思いにのどかな休日を満喫している。

期待とは裏腹に、釣果のないまま一時間ほどが過ぎた頃、針に餌を付けていたAさんは、視界の片隅に防波堤の上を走ってくる一台の自転車を捉えた。乗っている男は、県東部を中心に置き引きや車上ねらいを繰り返すB。窃盗の常習犯である。しかし、Aさんにはそんな事実を知る由もない。

Bは防波堤の途中で自転車を下り、ゆっくりとした足取りで近づいてきた。Aさんはチラリと一瞥したが（散歩かな）と思っただけで、興味はすぐに魚に戻った。Bはタバコを吸ったり、海をのぞき込んだりしながらたたずんでいた。傍目には、暇をつぶしているようにしか見えなかった。しかし、実際には、ターゲットにする車をしっかり物色していたのである。

やがて、BはAさんのワンボックスの前で立ち止まった。Aさんが後ろを振り向いても死角に入るように身体を車にピッタリと寄せ、後部ドアに手をかける。ロックはされていない。Bは音を立てないようにドアを跳ね上げ、車内に置いてあったバッグをまんまと盗み出した。その目と鼻の先で、釣り糸の先をじっと見つめるAさん。Bは盗んだバッグを自分のTシ

ャツで包むように隠しながら、何事もなかったように立ち去った。

しかし、Bの悪運もそこまでだった。止めてあった自転車にまたがった時、一人の屈強な男性が声をかけた。

「おい、待てよ。俺は見てたぞ」

無言のままペダルを踏み出そうとするB。その前に、男性が両腕を広げて立ちはだかる。

「泥棒だ！　そのワンボックスから何か盗んだぞ！」

突然の大声に、釣り人たちが一斉に振り向き、ただ事ではない雰囲気を察知して駆け寄ってきた。周りを取り囲まれたBは観念し、隠していたバッグを取り出した。遠巻きに見ていたAさんは「それ、私のじゃないか！」と叫んだ。Bは悪びれる様子もなく、Aさんをにらみ返した。

ほどなくして、Bは通報で駆けつけた警察官に引き渡された。

教訓1 犯行は時間や場所を問わない

車上ねらいの犯人は夜間しか来ない、などと思ったら痛い目をみることになる。「まさかこんな場所で」とか「近くにいるから大丈夫」といった油断も禁物。趣味に興じているときは防犯意識が希薄になりがちなので、さらに注意が必要だ。防波堤などに止めてある釣り人の車は、荷物の出し入れのためドアを開けっ放しにしていることが多いが、窃盗犯に真っ先に目をつけられてしまう。

教訓2 貴重品がなくても盗難に遭う

少年がいたずら半分で犯行に及ぶ場合は、金品に限らず目に付いた物を盗む傾向にある。何もない場合は腹いせに放火するといった悪質なケースも。

過激化する犯行手口

ドライバーなどの工具で解錠を試みるほか、窓やドアを破壊するという過激な手口も見られる（左ページ参照）。最近の車は開けにくいカギを採用するようになっていることから、後者の方法が目立つようになってきた。盗まれた金品より、修理代の方が高くついたというケースも珍しくない。

窃盗犯が狙うのは、財布や現金をはじめ、免許証、車検証、各種身分証明書、クレジットカードなど多岐にわたる。コンソールボックスに錠がついていても、ドライバー一本で簡単に壊されてしまうので過信は禁物だ。カーオーディオやカーナビの周囲をバールなどで破壊して強引に盗むケースも後を絶たない。

また、狙われるのは車内だけとは限らない。車のトランクに置きっぱなしになっているゴルフセットなども危険だ。

バールや鉄パイプなどで車の窓ガラスを破壊する！

車外に隠してある合鍵を探してドアを開ける！

オープンカーの幌をカッターで裂きドアを開ける！

ドアのカギ穴にドライバーを突っ込んでこじ開ける！

車上ねらい対策の基本

人目につく明るい駐車場を選ぶ。

一般駐車場に止める場合は、管理の行き届いた明るい駐車場を利用する。泥棒は人目につくことを嫌うため、こういった場所では犯行をやりにくい。


住民の防犯意識を高める。

住民の防犯意識が高い地域は犯罪者に狙われにくい。防犯パトロールを行ったり、「車上ねらい多発」「盗難注意」といった貼り紙をするのも効果的。


乗車前に車の周囲をチェック。

日頃から乗車前のチェックを習慣にしておけば、被害が早期に発見できる。

カギ穴に見慣れぬキズが付いていた場合は要注意だ。後部座席に不審者が隠れていないかも確認を。逃げそびれた犯人が背後から襲わないとも限らない。

スペアキーの保管場所に注意。

キーの閉じ込め防止のため、スペアキーを磁石付きのケースに入れ、バンパーや車体の底に隠しておく人がいるが、プロの泥棒は簡単に見つけてしまう。また、サンバイザーなどに挟んでおくのもやめた方がいい。車上ねらいで侵入した犯人が、キーを見つけて自動車盗に変身することもある。

キャッシュカードやクレジットカード、免許証などを車内に置かない。

カード類の暗証番号を生年月日や自宅の電話番号と同じ数字にしない。生年月日は免許証で、電話は請求書などで確認されてしまう。

右肩上がりの自動車盗

自動車盗は、全国的に見ると東京や大阪といった大都市圏に集中しているが、静岡県内でもじわじわと被害が広がっている。最近十年間は右肩上がりに推移していて、平成十四年にいったん減少するものの、翌年以降に再び急増。十六年の被害台数は実に953台（948件）に及んだ。これは平成八年のほぼ二倍である。

自動車盗の発生が多い地域は、市部では湖西市、裾野市、御殿場市など（平成十六年）。車両一万台あたり八～九件という割合はかなり高い。被害の多い場所は住宅の敷地外にある駐車場（店舗などの駐車場も含む）で、全体の六割以上を占めている。また、被害に遭った車の約三分の一はキーをつけたままだったが、残りの三分の二は施錠していたにもかかわらず盗まれている。油断は禁物だ。キー抜きや確実なドアロックはもちろん、カーショップなどで販売している各種防犯装置も積極的に活用して、万全の体制を整えたいものである。

ポイント！

◆車から離れる時は窓を閉め、エンジンキーを抜き、ドアをロック。

◆盗まれるのは新車や高級車に限らない。

◆イモビライザーなどの盗難防止機器を活用。

◆盗難に遭ったら直ちに警察に連絡を。

事件ファイル06
コンビニの駐車場から愛車が消えた

休日の朝、Aさんは近くのコンビニまで車を走らせた。初夏のような陽射しを受け、ハンドルを握る手にじんわりと汗がにじむ。

「エアコンの効きが悪いなあ」

六年前に中古で買った真っ赤な軽自動車。愛着はあるものの、最近あちこちに不具合が出て来て修理代がばかにならなくなってきた。若葉マークの頃につけた細かい傷やへコミにも、年季が入り、サビが浮いている。

コンビニの駐車場に車を止めると、Aさんは胸元をパタパタと手であおいだ。「ちょっとだから……いいか。つけとこ」

Aさんはそうつぶやき、エンジンキーに伸ばした手を引っ込めた。

Bは K県の高校を中退して以来、定職にもつかず、怠惰な日々を過ごしていた。二カ月前まで住んでいたアパートは家賃滞納で追い出され、以来、G市内にある後輩の家に居候を決め込んでいる。気がむいた時にアルバイトをするものの、生活費の大半は空き巣などの盗みで得ていた。過去には量販店に忍び込んでパソコンを盗み、検挙されたこともあった。

コンビニの駐車場でタバコを吸っていたBの前に軽自動車が止まり、女性が下りてきた。アイドリング状態の車から、ラジオの音が漏れている。

Bは Aさんが店内に入ったのを確認すると、車に近づきドアを開けた。一瞬もためらうことなく運転席に乗り込み、シフトを「R」に入れ、アクセルを踏む。車体をクルリと反転させて車道に出た赤い軽自動車は、あっという間に視界から消えた。

店から出て来たAさんは、一瞬、何かにぶつかったように足を止めた。（アレ？　今日、歩いて来たんだっけ？）自分が勘違いしているのではないかと、駐車場を見回す。

自動販売機の前でアイスクリームを食べていた高校生に訊ねると、男の子はけげんそ

うな顔で「変なおっさんが乗ってったよ」と答えた。

Aさんは、そこで初めて愛車が盗難に遭ったという事実を理解した。なんであんな古い車を……。Aさんはショックでその場に座り込んだ。


幸いにして、Aさんの車は、翌日、犯行現場からほど近いパチンコ店の駐車場で発見された。コンビニの店員がすぐに警察へ連絡してくれたため、市内の交番などへの手配が素早くできたのである。

パチンコ店から出てきて、車に乗ろうとしたところで職務質問を受けたBは、素直に犯行を認めた。封筒に入れ、車内に置いてあった現金一万円はすでに使われ、Bのポケットには数百円の小銭が残っているだけだった。

ちなみに、車を盗んだ動機は「歩くのがダルかったから」という、なんとも身勝手なものであった。

教訓1 「古い車だから大丈夫」ということはない

高級車を専門に狙う窃盗団のほか、分解して中古パーツショップで部品を売りさばくなど、さまざまなタイプの泥棒がいる。別の犯罪に使う目的で盗む場合は、目立たない大衆車を狙うだろう。ターゲットは新車や人気車ばかりとは限らないのだ。自分の車はオンボロだから大丈夫……犯罪者はそんな油断を狙っている。未成年者などはスリルを味わうために車を盗むことも多く、無免許で暴走運転した挙げ句、痛ましい人身事故を起すといった事件が後を絶たない。

教訓2 短時間でも車から離れるときはキーを抜く

自動販売機でタバコを買う、コンビニに寄る、駅前に車を止めて人を迎えに行く。そんな時、ほんの二～三分だからと施錠しない人も多いのでは？　とりわけ、真夏はエアコンを切ると車内が蒸し風呂状態になるので、エンジンもかけっぱなしという光景をよく見かける。しかし、キーをつけたままの無人車は「盗んでください」といっているようなもの。短時間でも、車から離れる際は必ずキーを抜き、ドアをロックするのが鉄則だ。通風のために窓を開けておく人も見かけるが、これも防犯上はお勧めできない。

教訓3　盗難防止機器を活用する

車の盗難事件は日ごとに増加している。今後は、警報装置などを活用した積極的な防犯対策が当たり前の時代になるだろう。カー用品店などでもさまざまな盗難防止機器が販売されているので、機会があればのぞいてみよう。

泥棒退散！　盗難防止機器

1 イモビライザー

　ヨーロッパなどで高い評価を得ている盗難防止装置。キーに埋め込まれた送信機のIDコードと、車両本体側の電子制御装置に登録されたIDコードが一致しないとエンジンが始動しない。キーを不正に複製したり、キーシリンダーを壊すといった手口に効果がある。

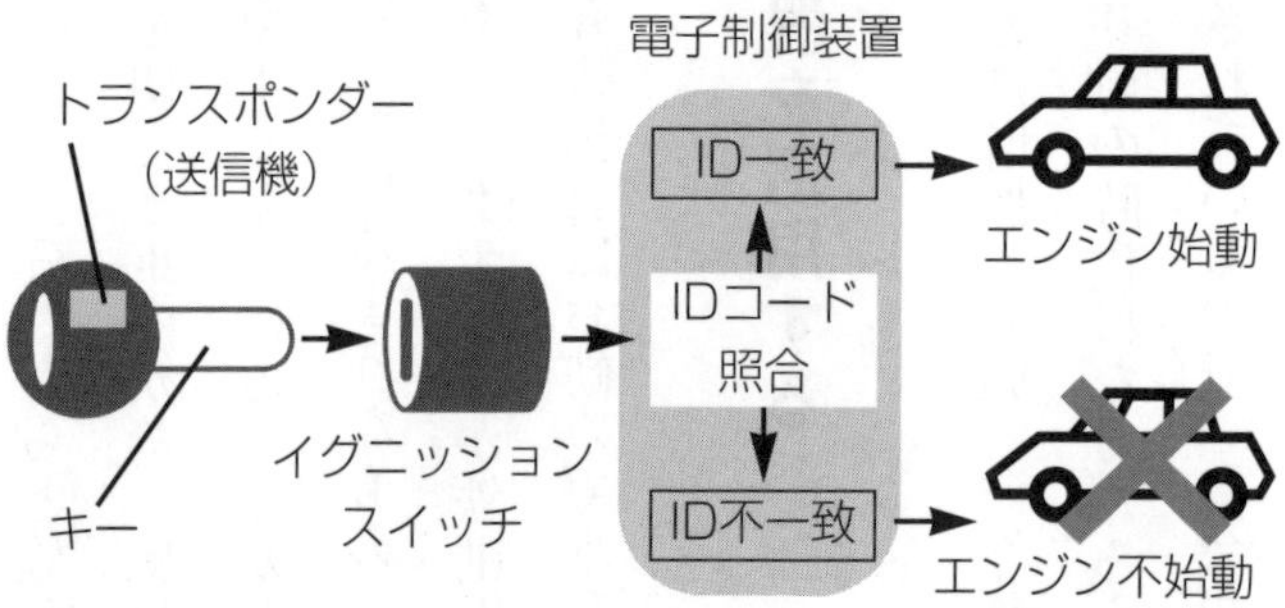

2 センサー付き警報装置

　車体の震動や不正なドアの開閉といった異常に反応し、大音量の警報音やストロボ光などで威嚇する。車の持ち主の携帯電話に連絡し、異常を知らせるタイプもある。「警報装置作動中」というシールを貼れば、さらに防犯効果がアップ。大手警備会社などでは、GPS（※1)を使った車の位置情報サービスなども行っている。

※1　人工衛星を利用して自分が地球上のどこにいるのかを正確に割り出すシステム。

3 ハンドルやタイヤの固定装置

　ハンドルやタイヤを金属製のバーなどで固定。脱着が面倒だが、車外から見えるので盗難防止効果は高い。

こんな場所・こんな車が狙われる

発生場所	発生件数
一戸建住宅敷地内	82
集合住宅敷地内	31
駐車（輪）場	617
道路上	40
空き地	34
その他	144
計	948

被害に遭った車の施錠・無施錠の割合

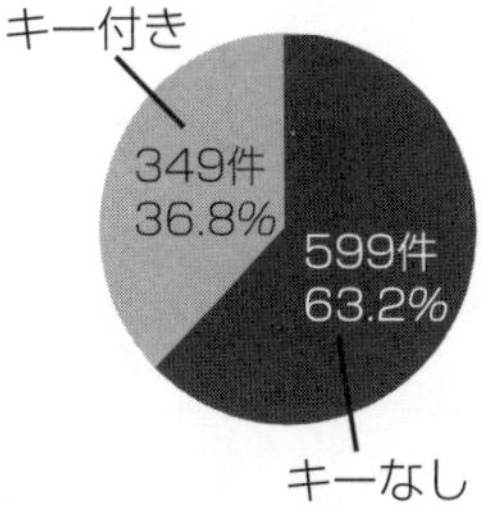

車種別被害台数（上位10車種を抜粋）

メーカー	車種	被害台数
トヨタ	ランドクルーザー	43
スズキ	キャリィ	31
スバル	インプレッサ	27
日　産	スカイライン	26
トヨタ	ハイエース	24
日　野	レンジャー	24
スズキ	ワゴンR	22
ホンダ	アクティ	22
日　産	シーマ	22
三　菱	ランサー	19

※被害の多い車の防犯性能が低いことを示すものではない。人気がある、高額で売却できるなどの理由によると思われる。

車体色別被害台数

車体色	被害台数
白	415
シルバー	112
黒	85
青	80
灰	48
黄	42
緑	39
赤	23
オレンジ	12
紺	10
その他	87
計	953

参考資料：静岡県警察ホームページ（データは平成16年中）

万が一、車を盗まれてしまったら……

一刻も早く警察に届けること。対応が早いほど、発見される可能性が高くなる。また、被害届を出す際には、車両のメーカー、車種、色、ナンバー、オプション品、車体番号（エンジンルーム内のボディーに記載）、型式、年式（いずれも車検証に記載）、などの情報が必要になるので、事前に手帳などに控えておきたい。車検証のコピーも取っておくと便利だ。

盗難補償が適用される任意保険に加入している場合は、警察に被害届を提出した後にすみやかに連絡をしておくこと（33ページ参照）。

盗まれた車はどうなる？

犯人がプロではなく、衝動的に盗んだ場合は、しばらく乗った後でどこかに放置することが多い。装飾品やホイールなど、パーツだけ盗んで捨てることもある。大がかりな窃盗グループになると手口も実に巧妙だ。よくあるパターンは、盗んだ直後に偽造ナンバーを取り付けて逃走し、仲間の工場などで車体番号を変造してから売却するというもの。

国際的な窃盗団の場合は、闇ルートを使って東南アジアやロシア、中近東などに輸出することも多いため、犯人が捕まっても、車が戻ってくる確率は極めて低い。東京都内で盗まれた車が二日後にアラブ首長国連邦行きの船に載っていたという例もある。

自転車盗難も急増している

静岡県内の自転車盗難事件は、平成十七年一月から五月の間だけでも、実に三千四百四十三件に上る。被害の約三分の一は高校生の自転車だ。錠をかけないで盗まれるケースは、全体の65％とかなり高い割合を占めている。自動車狙いと同様、「ちょっとだから」という油断が、被害につながる場合が多い。

自転車盗の防犯対策の基本は、付属の錠とワイヤロックなどの補助錠を併用した「ツーロック」。少し離れる時でも、必ず錠をかける習慣を。路上に放置した自転車も狙われやすいので、駐輪場へきちんと止めよう。また、法律で義務化されている自転車の防犯登録（登録料五百円）は、盗難被害に備えると同時に抑止効果にもつながるので、販売店などで必ず手続きをしておきたい。

ポイント！

◆自転車盗難防止の基本はツーロック。

◆自転車から離れる時は、どんなに短い時間でも必ず施錠する。

◆路上に放置せず駐輪場を利用する。

◆自転車の防犯登録を徹底する。

防犯コラム

盗まれた品物が戻ってくる確率は？

盗難の被害にあった現金や品物が戻ってくる確率は、果してどの程度あるのだろうか。近年の検挙率を考えると、あまり期待はできそうにない。仮に犯人が捕まったとしても、盗んだ現金を律儀に貯金したり、盗品をいつまでも持っている可能性は低いだろう。

平成16年に県内で発生した窃盗事件について、その被害回復率を計算（回復金額÷総被害額）してみると、約4%という数字が弾き出される。現金のみに限ってみれば、2%にも満たない。大雑把にいってしまえば、ほとんど泣き寝入りだ。やはり、何よりも大切なのは「盗まれないこと」である。

第3章　弱者が狙われる

子どもたちに迫る魔の手

誘拐、いたずら、連れ去りなど、子どもを狙った犯罪は年々増加している。親の目の届かない場所には危険がいっぱいだ。例えば、登下校で日ごろ慣れた通学路。あまりに身近で、一見、安全そうだが、実は犯罪者が待ち伏せするには絶好の場所である。

子どもの身を守るためには、子ども自身にきちんとした防犯知識を身につけさせることが大切だ。日ごろから**①ひとりでは遊ばない、②連れていかれそうになったら、大声を上げる、③外出するときは行き先、帰り時刻を伝える、④危険を感じたら、子ども110番の家などへ、⑤知らない人についていかない。**この5項目は徹底したい。防犯ブザーやホイッスルなど防犯グッズの携帯も効果的だ。

子どもを守る「いってきます」

出掛ける時の口ぐせにして、子どもを犯罪に近付けないようにしよう。

い いつも誰かと一緒に遊ぶ。ひとりで遊ぶのは危険！

つ つれていかれそうになったら、大声を出して助けを求める。

て でかけるときは、「だれと」「どこへ」を言ってから。

き きけんを感じたら、子ども110番の家（※）や近くの店などに逃げる。

ます まっすぐに帰る。知らない人に声をかけられてもついて行かない。

※犯罪に巻き込まれそうになったときに助けを求めると、子どもを保護し、110番通報してくれる。地域住民の協力によるもので、該当する商店や住居にはステッカーが貼られている。

「子ども安全情報」を活用する

いたずらや声かけ、わいせつ行為などが県内でも後を絶たない。

・車が近づいてきて、「送ってあげるから、車に乗らないか」と誘われた。

・徒歩で下校中に、バイクで走ってきた男に胸を触られた。

・しつようにつきまとわれ、名前や携帯電話の番号を聞かれた。

子どもたちを取り巻く環境は年々、悪化している。何かがあったら恥ずかしがらずに、保護者や学校、警察にまず連絡すること。また、子どもと保護者が一緒になって、地域の危険個所や心掛けについて、日ごろから話し合っておくことも大切だ。

静岡県警のホームページ「子ども安全情報」には、声かけ事案発生マップや対策などの最新情報がアップされている。家族ぐるみで有効に活用したい。

http://www.wbs.ne.jp/cmt/kenkei/bouhan/anzen/top.htm

地域ぐるみで子どもを見守る

「子どもの安全を守るのは、子ども自身」。悲しいかな、現代社会では当たり前になった。とはいえ、学校、ＰＴＡ、警察、地域が連携したさまざまな安全対策が求められているのは、いうまでもない。

静岡県内では、地域ぐるみの学校安全体制整備推進事業（十七年度）に取り組んでいる。これは、地域のボランティアを活用し、地域と学校が一体となった学校安全づくりを進める取り組みだ。県警ＯＢなどのスクールガードリーダーをはじめ、地域住民がパトロールを実施するなど、子どもたちを地域で見守る仕組みづくりを模索している。

登下校時にはできるだけ家の前に出て、子どもたちをあたたかく見守ったり、夜遅くまで公園などで遊んでいる子どもがいたら、注意してあげる。地域住民として、一人ひとりが意識を高めることも重要だ。

ひったくり被害者の85％が女性

県内では平成九年から平成十四年にかけて、加速度的に犯罪件数が増えた。

ひったくり犯は弱者を狙うことが多く、静岡県の場合でも被害者の約85％を女性が占めている。年齢・職業別では十代の学生と七十代の年金生活者の被害が突出。状況によっては、犯人の乗り物にひきずられてケガをする強盗致傷事件に発展することもある。

一般的な手口は、バイクや自転車で近づいてきて荷物を奪い去るというパターン。最近は、銀行で現金をおろした人を尾行し、ころ合いを見計らって荷物などを強奪する「途中狙い」と呼ばれるひったくりも増加中だ。十代の犯人がゲーム感覚で犯行に及ぶことも多い。

ポイント！

◆自転車に防犯ネットをつける。

◆歩行中は常に周囲に気を配る。

◆バッグや荷物は車道と反対側に持つ。

◆背後からオートバイが近づいて来たら、立ち止まって振り返る。

◆ＡＴＭ機の操作中は周囲の人から手元が見えないようにする。

事件ファイル07

自転車の主婦を狙う黒いスクーター

主婦のAさんは、週に三日、事務の仕事をしている。夏の盛りの午後五時二十分過ぎ、仕事を終え、愛用の自転車で家路を急いでいた。

「あー、忙しかった。夕食の支度するの疲れちゃったなあ」と、独り言をいいながらペダルを踏むAさん。市街地から少しはずれた閑静な住宅街。傾きかけた太陽が、町をオレンジ色のベールに包み込む。ハンドルに付いた荷物カゴの中で、ブランド物のバッグがカタカタと揺れている。

「面倒臭いから、今日は出前でも取って済ませちゃえばいいか」

Aさんは、ペダルに込める力を少しゆるめた。

Bと少年Cは中学時代の先輩・後輩だった。昔から、万引きや恐喝など悪事に手を染め、学校を卒業してからは仕事もせず、二人とも毎日ブラブラと過ごしていた。

事件当日、Aさんの通勤コースの途中にあるスーパーマーケットの近くで、Bと少年Cは、ひったくりができそうな獲物を物色していた。午後五時三十分、目の前を一台の自転車がゆっくりと走り抜ける。二人はカゴの中で揺れるバッグを見逃さなかった。黒いスクーターにまたがった少年Cは、タイヤを軋ませ自転車の後を追った。

Aさんの自転車に静かに近づいた少年Cは、辺りに人影がないのを確認し、アクセルを開いた。自転車を追い抜きざま左手をのばし、カゴの中にあったバッグをつかみ取る。次の瞬間、スクーターはビーンというかん高いエンジン音を残し風のように走り去っていった。

Aさんは、一瞬、何が起こったのかわからなかった。数メートル走って自転車を止め、からになったカゴを見つめるうちに、ようやく「あっ」と声を上げた。急いでスクーターが去った方向を見たが、すでに影も形もない。Aさんの全身は、怒りと恐怖で震え出した。

犯行から数分後、少年Cはスーパーマーケットの駐車場に戻っていた。バッグを受け取ったBは、慣れた手つきで中身を物色すると、財布から六万円の現金を抜き出した。さらに、キャッシュカードと運転免許証を見つけ「マヌケなやつは、誕生日を暗証番号にしてたりするんだ」と、スーパーマーケットの脇にある銀行のATMコーナーに向かった。

Aさんはその足で警察に被害届を出したが、既にキャッシュカードからは二十二万円が引き出された後だった。この周辺では一カ月ほど前からひったくりが連続して発生し、警察が警戒を強化していた中での犯行だった。

幸いにもAさんの事件から十日後、容疑車両で現場周辺を走っていたBが現行犯逮捕された。同日、少年Cも自動車を無免許運転しているところを職務質問され、取り調べで犯行が明るみになった。二人はほかにも十件あまりの余罪を自供した。

教訓1 人通りの少ない場所を通らない

犯罪者は人の目を気にするので、なるべく人通りの少ない場所を犯行現場として選ぶ傾向がある。多少遠回りになったとしても、人通りの多い道を歩くようにしたい。歩道がある場合はできる限り利用するように。また、夜間は照明のある明るい道を歩くよう心掛けよう。

教訓2 自転車のカゴには防犯ネットを

自転車のカゴの中に、無造作に荷物を入れている人が実に多い。これでは、ひったくり犯の

格好の餌食になる。ホームセンターなどで販売している「ひったくり防止ネット」や「ひったくり防止カバー」を必ずつけておこう。応急的には荷物を底に置き、雑誌や買い物袋などで覆っても多少の効果はある。

教訓3 防犯ブザーを携帯する

ひったくりに遭うと、ショックで声が出ないことがある。身の危険を周囲に知らせるためにも「防犯ブザー」を常備したい。本体を荷物に、ひもを自転車につけ、奪われた際に鳴るようにするのも効果的だ。

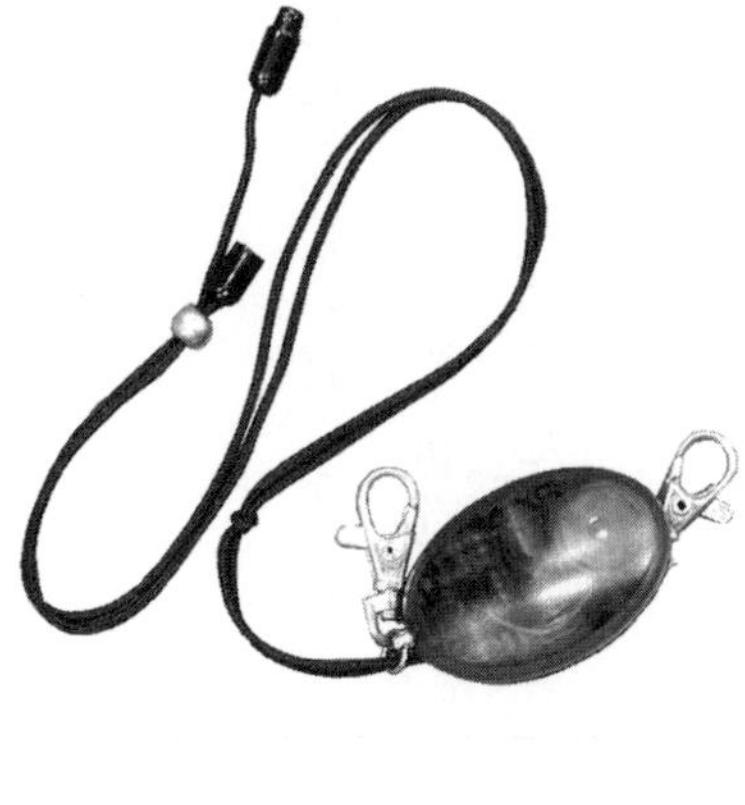

事件ファイル08

老女を待ち伏せる卑劣な男

事件が起きる三週間ほど前、Aは同僚を殴って運送会社をクビになった。借金返済を迫られ、逆ギレしたのである。Aは同じような理由で以前から職場を何度も変わっていたが、もはや真面目に働く気は失せていた。

「仕事なんて面倒臭え。どっかに金でも落ちてねえかな」

駅前の繁華街をぶらぶら歩きながら、Aは唾を吐いた。その時、銀行から出てくるお年寄りが目に入った。

「年金とかたっぷりもらってんだろな、クソ」

暇に任せて、Aはしばらくその場で人の動きを観察していた。そして、よからぬ考えが頭に浮かんだ。不敵な笑みを浮かべるAの視線の先には、歩道に放置してある無施錠の自転車があった。

Bさんは N 市内で一人暮らしをしている。年末は、東京に住む息子さん家族の帰省が恒例になっていた。

「じゃあ、おいしいものいっぱい作って待ってるよ」

お嫁さんからの電話を切ると、Bさんはタンスから預金通帳とキャッシュカードを取り出した。二人の孫は、クリスマスのプレゼントを楽しみにしている。Bさんは子どもたちの喜ぶ顔を思い浮かべながら、巾着袋を手に、いそいそとバス停に向かった。

駅前の銀行のATM機で二十六万円を下ろしたBさんは、一部を生活費として財布に収め、残りを備え付けの封筒に入れた。盗んだ自転車にまたがっていたAは、巾着袋を提げたBさんが銀行から出てくると、飲みかけ

○○銀行
ヒヒ

の缶コーヒーを投げ捨てて尾行を開始した。駅前大通りから、アーケード商店街につながる細い路地に入って行くBさん。

（チャンスだ！）

Bさんの背後から静かに近づくA。犯行は一瞬だった。巾袋袋をわしづかみにしたAは、後ろも振り向かず、自転車のペダルを全力で踏み込んだ。

Bさんは恐怖で声が出ず、その場に座り込んだ。異変に気づいた通行人が駆け寄って来たが、男の姿はすでに視界から消えていた。駆け付けた警官にBさんが事情を話しているころ、Aは駅のトイレでポケットに現金をねじ込んでいた。

この成功で味をしめたAは、その後も駅周辺で同様の手口の犯行を繰り返したが、二カ月後、被害者の叫び声に気づいた警官により現行犯逮捕された。

教訓1 不審者の影に注意

多額の現金を下ろす時は、必ず信用のできる人に頼んで二人以上で行くように。できれば自動車やタクシーなどを利用する方が安全だ。また、銀行から出たら、現金の入ったバッグ類はできる限り身に付け、離さないようにすること。常に周囲を警戒し、不審な人物がいた場合は、銀行に戻ってしばらく様子を見るくらいの慎重さがほしい。

教訓2 荷物は車道側に持たない

バッグやカバンなどの荷物の持ち方を工夫するだけで、ひったくりを未然に防ぐことができる。車などが通る側と反対側に持つのが基本だ。ひもつきバッグは肩にかけず、たすき掛けにして手を添えるようにすると狙われにくくなる。また、狭い道では荷物を両手でしっかり胸に抱えるように。ひったくり犯は油断している人間の一瞬のスキを狙うので、荷物を持っている場合は常に「警戒しているぞ」という気持ちを態度で表すように。

教訓3 年輩の女性が狙われやすい

ひったくり犯が最も狙いやすいと考えるターゲットは、高齢の女性。力が弱いので荷物をひったくりやすく、後から追い掛けて来くる可能性も低いからだ。被害に遭った人の中には「とっさの出来事に何が起こったかわからず、声も出なかった」と語る人が多い。人通りの少ない道路を歩く時は、後をつけられていないかなど、周囲の状況に十分注意しよう。

「途中狙い」にも注意

ひったくり犯の多くは乗り物を使う。スクーターや自転車で背後から被害者に近づいて荷物をひったくり、あっという間に逃走する。交通量の多い大通りに逃げられたら、追跡はまず不可能。狙った相手が自転車に乗っている場合は、前方から近づき、すれ違いざまに荷物をひったくるパターンもある。被害者の進行方向の反対側に動いて逃走時間を稼ぎ、追跡されにくくしているのだ。

また、最近は「途中狙い」と呼ばれる手口も増えてきた。金融機関で現金を下ろした客を尾行し、人けのなくなった場所で犯行に及ぶ。複数による犯行であることも多い。背後から殴りつけたりナイフで刺すなど、犯行は年々凶悪化している。ＡＴＭ機を操作している手元を盗み見て暗証番号を覚え、尾行してキャッシュカードを盗む、という手口も発生しているので注意が必要だ。

万が一、被害に遭ってしまったら

無理に抵抗せず、できる限り大きな声で周囲に犯行を知らせ、助けを呼ぶ。余裕があれば、犯人の服装の特徴やヘルメットの色、乗り物の車種や色（可能ならナンバーも）、逃走した方角を覚えておく。これらの要素は犯人逮捕の有力な手掛かりとなる。ただし、逃げる犯人を深追いしてはいけない。袋小路に追い詰めたりすると、逆に危害を加えられることもあるからだ。

被害に遭ったら、即座に１１０番通報すること。また、盗品が悪用されないよう、早急に対策を。キャッシュカード、クレジットカードは使用停止に、携帯電話も停止手続きをする。自宅や自動車のカギを盗まれたら、必ず新しい物に変更すること。免許証などから住所が割り出され、空き巣や自動車盗など二次被害の恐れもあるからだ（33ページ参照）。

さらに陰湿になるストーカー

二〇〇〇年に「ストーカー規制法」（124ページ参照）が施行され、ストーカー行為に法的措置が取れるようになったが、犯罪件数は依然として減らない。

ストーカー行為は一方的な恋愛感情に起因するもので、相手の住所や電話番号、勤務先から、交友関係や生活パターンといった私的な情報まで徹底的に調べ、やがては「待ち伏せ」や「尾行」などを執拗に繰り返すようになる。身近な人間の犯行が多く、エスカレートすれば傷害事件に発展する恐れも。

対策の基本は、早期察知・早期相談である。曖昧な態度で放置せず、初期のうちに拒絶の態度をはっきり示すことが肝心だ。また、個人情報も安易に漏らさないこと。ゴミとして捨てた請求書から、電話番号を知られる場合もある。

郵便ポストにカギをつけ、個人情報を含む書類はシュレッダーにかけるなど、対策を講じよう。少しでも危険な雰囲気を察知したら、防犯ブザーを携帯し、夜間の単独行動は避けるように心掛けたい。さらに、遮光カーテンなどを使い部屋の中をのぞかれないようにしておくと安心だ。

万が一、迷惑行為を受けた場合は、すみやかに警察に相談すること。その際、「いつ」「どこで」「どのように」行われたかを正確に記録しておく。相手の発した言葉や電話の回数などをメモし、郵送物等も保管しておきたい。無言・脅迫電話には一切応対せず、即座に切る。NTTの「いたずら電話防止サービス」を利用するのも効果的だ。

▼静岡県警本部性犯罪被害110番　フリーダイヤル　0120・783870

※ストーカー規制法

特定の個人に対し繰り返される、ストーカー行為を規制する法律。告訴の場合、6カ月以下の懲役または50万円以下の罰金、命令に違反してストーカー行為を行った場合には、1年以下の懲役または100万円以下の罰金が科せられる。

対象となる行為
1 つきまとい・待ち伏せ・押しかけ
2 監視していると告げる行為
3 面会・交際の要求
4 乱暴な言動
5 無言電話、連続した電話・ファクシミリ
6 汚物などの送付
7 名誉を傷つける
8 性的しゅう恥心の侵害
上記の行為を繰り返した場合、ストーカー行為とみなされる。

第４章　騙されないために

振り込め詐欺

マスコミで話題になっているにもかかわらず、振り込め詐欺はいまだ下火にならず、静岡県内でも後を絶たない。電話で身内を騙る典型的なパターンから、警察官や弁護士、公的機関を装ったものまで、手口は巧妙化する一方だ。複数の人間がかかわったドラマ仕立ての詐欺も報告されている。普段から警戒心を忘れず、相手に少しでも不審なところがあれば、疑ってかかること。

【手口と対策】

ケース1　自分の名前を言わず「オレだよ」という電話がかかってきたら、「アキラか?」など、でたらめな名前を言ってみる。相手が「うん、アキラだよ」と答えるようなら限りなく怪しい。詐欺だと判断して間違いないだろう。相手の口車に乗って、子どもや孫の本当の名前を教えたりしないように。

ケース2　振り込め詐欺の犯人は、成りすました本人に電話が行かないよう、巧妙な罠を仕掛けてくる。携帯電話の番号が替わったと言われても素直に信じず、それまで使っていた番号に電話をかけ、本当に替えたのか確認すること。

ケース3　警察官と名乗る人物から電話があった場合は要注意。よくあるパターンは「ご主人が事故を起こして相手の人が入院したので、治療費と示談金をすぐ振り込んでほしい」といったもの。警察からの電話というだけで焦ってしまうが、それでは相手の思うつぼだ。こんな場合は落ち着いて、「こちらからかけ直すので、警察署とあなたの所属、名前、連絡先を教えてください」と答え、様子を見よう。偽者の場合は、その場で電話を切るはずだ。もし、相手が連絡先を伝えてきたとしても、安易にかけるのは禁物。電話番号案内で、本当にその警察署の番号かどうか確かめる必要がある。ちなみに、警察が示談の仲介をしたり、弁護士や保険会社が事故や交通事故直後に示談金の振り込みを促すことは絶対にない。

いずれにせよ、冷静に考えてみれば、電話一本でお金を要求してくるなどおかしな話である。しかも、二時間以内とか今日中にといった条件までついていたら、99%、いや、100%詐欺であると考えていい。怪しいと思ったら、まず、家族や警察に相談することだ。

架空請求

ある日突然、身に覚えのないサービスの利用料などの支払いを求めるハガキやメールが届き、不安にかられて送金するというケースが後を絶たない。実在の債権回収会社名を語った架空請求（※1）も増えているので厄介だ。支払わない場合は自宅や職場まで行く、裁判に訴える、信用情報機関のブラックリストに登録するといった、脅迫めいた文面が共通した特徴。手口は年々巧妙化し、静岡県内では、東京簡易裁判所が使用する「支払督促状」を模した封筒と書面を送りつけるという、新手の詐欺行為も報告されている。

架空請求の対処法は、無視することである。間違っても、ハガキ等に記された連絡先に電話をしてはいけない。相手にこちらの電話番号が知られることになり、さらに付け入るスキを与えてしまうからだ。万が一、根拠のない悪質な取り立てがあった場合は、すぐに警察に連絡を。トラブルに発展した際に証拠となるので、業者から送られたハガキやメールは保管しておく。

「小額訴訟制度」を悪用した手口（※2）については注意が必要だ。まずは「あわてず、すぐにお金を振り込まない」。落ち着いて、請求内容と送り主を確認してほしい。送り主が裁判所の場合も、書類に書かれた連絡先に連絡してはいけない。電話帳などで自分で調べて確認をしてほしい。不安がある場合は、最寄りの消費生活センター（153ページ参照）に相談してみよう。ちなみに、裁判所からの通知はハガキや

普通郵便ではなく「特別送達郵便」で送られ、直接本人に手渡しが原則なので、郵便受けに入っていることはない。

※1

法務省のホームページ内で、債権回収会社を詐称していると思われる業者を公開している。

http://www.moj.go.jp/KANBOU/HOUSEI/chousa19-1.html

※2

架空請求を行う事業者が、利用料の支払いを求める少額訴訟を起こし、相手が裁判所から送付される「口頭弁論期日呼出し及び答弁書催告状」を無視して期日に裁判所へ出頭しなければ自動的に敗訴となり、支払い義務が発生するというもの。県内で報告された、東京簡易裁判所の「支払督促状」を模す手口は、この仕組みを逆手に取ったものである。焦った被害者が、意義申し立てに関する窓口として記載されている連絡先に電話をかけると、国税庁の職員をかたった人物が指定口座に振り込むよう誘導する、という筋書きだ。

クレジット詐欺

クレジットカードの盗難に加え、磁気データだけを盗み出して（スキミング）偽造カードを作るという手口が急増している。犯行の際に使うカードデータ読み取り機は、通販で簡単に購入できるというから油断できない。

犯罪者は盗んだカードや偽造カードを使って短期間で高価な品物を大量に購入し、それらを売りさばいて現金化する。磁気データだけ盗まれた場合は犯行に気付きにくいため、カード会社への連絡が遅れ被害が拡大するケースが多い。

対策としては、信用のおける店以外ではクレジットカードを使わないこと。やむを得ず使用する際は、カードから決して目を離さないようにする。犯罪者は持ち主の目に止まらない場所でカードの情報を盗み取ることが多い。預かったカードを店の奥に持って行ったり、複数の読み取り機に通すなど、不審な動きを察知したら、即座にカード会社に連絡し、利用停止手続きを取ろう。また、毎月の利用明細書は必ずチェックし、身に覚えのない請求があれば、早急に同様の措置を。

なお、クレジットカードやキャッシュカードの暗証番号を生年月日など推測されやすい数字にしないというのは、基本中の基本。暗証番号を書いたメモとカードを一緒に保管するのも厳禁だ。状況によっては所有者の管理責任を問われ、盗難保険が適用されないケースもある。

インターネット犯罪

今やすっかり日常生活に溶け込んだインターネットだが、手軽な半面、防犯上の脆弱さも浮き彫りに。次々と登場する新手の犯罪に、法整備が追い付いていないのが現状だ。

【手口と対策】

ショッピング・オークション詐欺　ネットで商品を購入し、代金を支払ったものの、サイトが閉鎖され連絡が取れず泣き寝入りというパターン。相手の身元（社名、住所、電話、責任者の氏名等）を確かめないまま、個人情報を入力したり、代金を振り込むのは厳禁だ。

悪徳勧誘　条件の良いサイドビジネスや在宅ワークの広告を打ち、登録料などの名目でお金を入金させ、ころ合いを見て行方をくらます。対策は「楽して儲かる」という情報を相手にしないこと。うまい話には落とし穴が付き物だ。

フィッシング詐欺　実在する企業や銀行からのメールを装って偽のサイトにアクセスさせ、クレジットカード番号などを入力させる。盗んだ情報を悪用した犯罪も頻発。不審に思ったら相手先の企業等に直接問い合わせて確認を。

高額なネット接続料の請求　知らない間に国際回線やダイヤルＱ２に接続され、後日多額の料金が請求される。対策は、不用意にアダルトサイトなどから画像等をダウンロードしないこと。国際電話の利用を休止するのも手だ。

▼国際電話不取扱受付センター　フリーダイヤル　0120・210364

悪質商法

「簡単に儲かる」「資格が取れる」「買わなければ健康を害する」など、巧妙な語りで被害者を惑わし、お金を騙し取る悪質商法。手口は年々複雑化してきている。狙われやすいのは、専業主婦や、商法の知識のない若年層が中心。さらに、昨今は認知症の老人を狙った陰湿な行為も問題になっている。

悪質業者のカモにならないための鉄則は「うまい話は疑ってかかる」こと。

そして、相手の話を冷静に聞き、いらない場合は毅然とした態度で断る。路上でのキャッチセールスも相手にしないことだ。また、どんなに魅力的な内容でもその場で判断せず、契約前に家族や友人に相談する習慣を。契約を済ませてしまった後は、クーリング・オフ（※1）を活用しよう。

※1
消費者が契約申し込みや購入契約をした場合、契約の日を含めて8日以内（マルチ商法や内職・モニター商法の場合は20日間）であれば、無条件で解約できるという制度。詳しくは最寄りの消費生活センター（153ページ参照）へ問い合せを。

【手口と対策】

アポイントメントセールス　電話で「プレゼントが当たった」などと言って喫茶店や営業所に誘い出し、アクセサリー、絵画、エステ会員権といった高額な商品を購入させる手口。対策は、知らない人から電話で誘われても信用しないこと、安易に出向かないこと。

キャッチセールス 街頭アンケートを装って通行人に近づき、本来の販売目的を隠して喫茶店や営業所に誘い出し、化粧品や健康食品の購入、エステサロンの会員契約などをさせる手口。街頭でのアンケートの依頼は無視するのが賢明。

マルチまがい商法 健康食品、パソコン、化粧品などの商品を買って会員になり、加入者を増やしていけば、大きな利益が得られるなどと言って勧誘する。実際に儲かるのはごく一部の人間だけで、ほとんどは買わされた商品と借金だけが残ってしまう。対策は、楽して儲かるといった類の話に決してのらないことだ。

SF商法（催眠商法）　日用品などを無料で配って人を集め、ビルの一室などを借りた会場に誘い込み、格安でいろいろな商品を配って興奮状態にした後、ふとん類や健康食品など高額な商品を買わせる。帰ろうとすると、脅迫めいた言葉を投げかけることも。会場に入ってしまうと雰囲気にのまれるので、絶対に近寄らないことだ。

点検商法　白アリや建物の耐震診断などの無料点検を実施するという業者が訪れ「調査の結果、危険が判明した」など、事実と異なることを言って消費者を不安にさせ、不必要なリフォーム工事をしたり、関連商品を売り付ける手口。公的機関から来たように思わせることも多い。その場で契約を結ばず、複数の同業他社から見積りを取るのが鉄則だ。

防犯コラム

地元の犯罪情報を知る

静岡県警のホームページでは、県内で起きた「空き巣」「忍び込み」「ひったくり」「自動車盗」「車上ねらい」の発生地点を市町村別の犯罪マップで公開している。データは3カ月ごとの更新だが、緊急に注意が必要な場合は、「県東部で空き巣多発」といった速報で随時更新。犯行手口の傾向や犯罪多発地域に関する情報も掲載している。犯罪被害に遭わないための「防犯テクニック」も役に立つ。

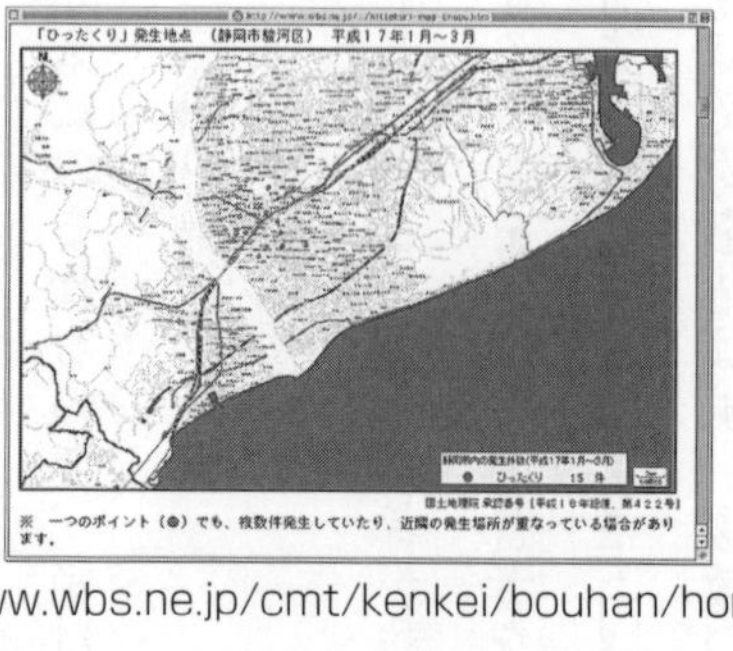

http://www.wbs.ne.jp/cmt/kenkei/bouhan/home.htm

第5章　地域で防犯意識を高めよう

頼りになるのはご近所さんの目

防犯対策を含め、すべての犯罪に警察の力だけで対応することは、もはや不可能に近い。繰り返すが、これからは自分のことは自分で守る時代なのだ。しかし、個人でできることには限界がある。そこで注目したいのが、ご近所さんとの連携。地域ぐるみで防犯意識を高め、行政と市民が一致団結して「犯罪は許さない」という姿勢を作っていくことが、最も確実で効果的な防犯対策になるのである。

犯罪者は、その地域の防犯意識が高いか低いかを本能的に察知するという。なんとなく雰囲気が暗い、ゴミが散乱している、そういった町は標的になりやすい。さらに、狙いやすい場所の情報は、犯罪者仲間のネットワークを使って全国に流れる。その結果、特定のエリアに被害が集中することになるのだ。

こういった悪循環を断ち切る防犯対策の第一歩として取り組みたいのが、街灯設置などによる、地域レベルでの明るい街づくりである。悪事を働こうと考えている人間は人目につくことを避けるため、明るい場所には近づきたがらないもの。街中における防犯照明の効果は抜群だ。また、自主的な防犯

パトロールも、住民の結束力を見せつける有効な手段となる。

都市部では近所付き合いが希薄になりがちだが、これも防犯という観点から見ると大きなマイナスだ。他人の生活に一切干渉しない、されたくないという考え方は、隣人の顔すら知らないという状態をつくりだす。こうなると、泥棒にとっては非常に仕事がやりやすくなる。反対に、事前に狙った家の下見をした際などに、近隣の住民から「こんにちは」と声をかけられると、それだけで犯行を諦める気持ちになるという。

要は泥棒に「この町は仕事がやりづらそうだ」と感じさせるようにすること。自分に直接関係がなくても、不審者を見かけたらさりげなく観察する。こういった行動が地域全体の習慣となり、すべての住民が日ごろから高い防犯意識を持つようになれば、犯罪者は足を踏み入れられなくなる。それは同時に、子どもたちを安心して遊ばせられる、住み良い町づくりにもつながっていくのだ。

ポイント！

◆一人ひとりが防犯意識を高める。

◆地域住民の結束力が犯罪を未然に防ぐ。

◆不審者を見たら声をかける。

◆犯罪者は明るい場所が苦手。

インタビュー

地域の結束が最強の防犯対策に
―防犯モデル地区の活動―

袋井市三川地区安心ネットワーク会議
事務局長　池野美弘さん
事務局代表　西村和泉さん

袋井市三川地区は人口三千二百人弱という小さな地区でありながら、近年、空き巣や車上荒らしなどの被害が増加し、犯罪の発生率は十年間で六倍に膨れ上がっていた。そんな背景もあり、地元でも不安の声が広がり始めた平成十六年、防犯活動の一環として、県の防犯モデル地区に名乗りを上げた。

防犯モデル地区の指定に際して立ち上げた「三川地区安心ネットワーク会議」は、「窃盗対策部会」「変質者対策部会」「悪質商法対策部会」「防災部会」の四部会からなり、公民館館長の池野さん（六十八歳）、事務局代表の西村さん（六十八歳）を中心に、駐在所、小学校、老人クラブ、ＰＴＡ、地元の金融機関などを巻き込み、地域一丸となって積極的な防犯活動に取り組んでいる。「六つある自治会も、それぞれに部会を発足しているので、三川地区の住民の約一割は、何らかの形で役員として関わっています」と池野さん。文字どおりの人海戦術だ。

地域の防犯対策としてなによりも大切なのは、住民一人ひとりの意識改革。誰かがやってくれるだろうという気持ちでは何も変わらない。そのために、当初、約三カ月間にわたって徹底的に防犯に関する説明会を行った。「外出時にはカギをかける。車の中に筆記用具を常備して不審者を見かけたらメモをとる。些細なことかもしれませんが、一人ひとりの草の根運動が、防犯活動の大きな波になるのです」と二人は力説する。説明会には、延べ千四百人を超える住民が参加した。子どもを含めれば全住民の半数以上が話を聞いたことになる。その結果、三川地区の住民の防犯意識は他地域に比べてはるかに高まった。後日、婦人部で二〜三名のグループを作って高齢者宅に交通安全キャンペーンのチラシを配った際、早速、交番に「不審者が回っている」と通報があったという。うれしい誤解である。

平成十六年には、具体的な防犯活動として、小学生全員に防犯ブザーを携帯させる、寸劇による悪質商法防止ＰＲ活動を行う、手作りの看板を掲示するなど、全部で十一の計画事業を行っている。県内では群を抜く活発さだ。ほかにも、消防車を活用したパトロールや、駆け込み寺的な機能を持つ「おとな１１０番」の設置、子どもたちから高齢者に宛てて防犯意識を高めてもらう手紙を書くなど、三川地区ならではのユニークな活動も行われた。また、人口が減る平日の昼間は、外部事業者（中部電力、郵便局、農協など）に不審者の監視を委託。犯罪者は住民の視線をなにより嫌がるので、この試みは犯罪抑止効果も期待できる。

こういった地道な防犯活動を続けた結果、平成十七年は犯罪認知件数において前年比マイナス43％という数字を実現。実際に住民の目撃情報が決め手となって、犯罪者が検挙されたこともあった。「約七百世帯というこぢんまりとした地区だからこそ、地道な活動が功を奏したのだと思います」と池野さん。地域で防犯対策を進める際のポイントは、なるべく小さな組織で動くこと。池野さんによれば、町内会くらいの単位がベストだという。

現在、三川地区では毎月二回、自治会の持ち回りで夜間の防犯パトロールを行っている。犯人を捕まえるのが目的ではなく「防犯に力を入れている地域だぞ、ということを内外にアピールできればいいのです」と西村さん。パトロールに参加することで、自分自身の防犯意識も確実に高まるというから、一石二鳥である。

住民が安心して暮らせ、子ども達にとって魅力あふれる町であり続けるために、三川地区では実のある防犯活動を、長期間継続していくという。「♪障子を開ければ顔なじみ〜、の『隣り組』が理想です」と、池野さん、西村さんは口をそろえる。

※県内では三川地区のほか、三島市中郷、富士市富士北、藤枝市広幡、浜松市砂山、同市海老塚の計五つの防犯モデル地区を指定、それぞれ独自の防犯活動を展開している。

●機能ガラス普及推進協議会
http://www.glass-town.com/town/

●(社) 静岡県都市開発協会
http://www.stk.or.jp/

●(財) 都市防犯研究センター
http://www.jusri.or.jp/

●綜合警備保障
http://www.alsok.co.jp/

●セコム
http://www.secom.co.jp/

●（社）日本損害保険協会
http://www.sonpo.or.jp

●インターネット消費者被害対策弁護団
http://www1.neweb.ne.jp/wb/licp/

●国民生活センター
http://www.kokusen.go.jp/ncac_index.html

●(財) 日本消費者協会
http://www1.sphere.ne.jp/jca-home/

防犯の参考になるホームページ

●しずおか防犯まちづくり
http://www.pref.shizuoka.jp/seibun/sb-15/

●静岡県警察
http://www.wbs.ne.jp/cmt/kenkei/

●静岡県警察犯罪情勢分析係
http://www.wbs.ne.jp/cmt/kenkei/bouhan/home.htm

●警視庁
http://www.keishicho.metro.tokyo.jp/index.htm

●警察庁
http://www.npa.go.jp/

●(社) 静岡県防犯協会連合会
http://www2.tokai.or.jp/shizuoka-bohan/

●(財) 全国防犯協会連合会
http://www.bohan.or.jp/

●(社) 日本防犯設備協会
http://www.ssaj.or.jp/

●浜松ロックセンター
http://www.hama-lock.com/

●中部ロックセンター
http://www.c-lock.co.jp/

●日本ロック工業会
http://www.jlma.org/

●日本ロックセキュリティ協同組合
http://www.jalose.org/

中遠県民相談室	0538-37-2299
※西部県民生活センターに自動転送	
北遠県民相談室	0539-26-2299
※西部県民生活センターに自動転送	
西部県民生活センター	053-452-2299

法律相談

静岡県弁護士会法律相談センター	
静岡	054-252-0008
沼津	055-931-1848
浜松	053-455-3009
基本は有料	

振り込め詐欺の具体的な犯行手口や被害に遭わないための情報提供

振り込め詐欺情報ダイヤル	24時間利用可能。全国一律の通話料はかかるが、情報料は無料
0570-000-110	

防犯対策や防犯設備に関する問い合わせ

防犯機器やカギの設置、管理、修理などの問い合わせ（無料）	
静岡県防犯設備士 生活安全協議会	月～金10:00～16:00 (祝祭日を除く)
053-472-0221　防犯設備ホットライン	

地域の防犯活動などの問い合わせ（無料）
（社）静岡県防犯協会連合会　054-254-3750

消費生活相談・問い合わせ

消費生活全般についての問い合わせ・相談	
県民生活センター 県民相談室	月～金9:00～12:00、 13:00～16:00
賀茂県民生活センター　0558-24-2299 ※東部県民生活センターに自動転送	
熱海県民相談室　0557-82-2299 ※東部県民生活センターに自動転送	
東部県民生活センター　055-952-2299	
富士県民相談室　0545-63--2299 ※東部県民生活センターに自動転送	
中部県民生活センター　054-202-6006	
藤枝県民相談室　054-645-2299 ※中部県民生活センターに自動転送	

少年問題全般にわたる相談	
少年サポートセンター (沼津署、富士署、静岡中央署、藤枝署、磐田署、浜松中央署の県下6署に設置)	月～金8:30～17:15 (祝祭日を除く)
各センター共通0120-783-410	

性犯罪被害相談（電話相談専用）	
性犯罪被害110番 (警察本部捜査第一課)	月～金8:30～17:15 (祝祭日を除く)
0120-783870(ナヤミハナソー)	

暴力団による犯罪被害、困り事などの相談（電話相談専用）	
暴力相談専用電話 (警察本部組織犯罪対策課)	24時間受付
054-254-8930　0120-548930　(ゴヨーヤクザゼロ)	

企業を対象とした暴力相談（電話相談専用）	
企業対象暴力110番 (警察本部組織犯罪対策課)	月～金8:30～17:15 (祝祭日を除く)
054-273-7047	

犯罪被害に関する相談　※相談は無料

犯罪や不慮の事故などの被害に悩む人のための相談窓口	
NPO法人静岡犯罪被害者支援センター	月～金10:00～16:00
054-209-5533	

【焼津警察署】	
中央交番	054-628-3382
【島田警察署】	
島田駅前交番	0547-36-0019
【榛原警察署】	
吉田町交番	0548-32-6070
【掛川警察署】	
掛川駅前交番	0537-22-7843
【磐田警察署】	
豊田交番	0538-32-6931
袋井交番	0538-42-3700
磐田駅前交番	0538-32-4559
福田交番	0538-55-2041
【浜松中央警察署】	
浜松駅前交番	053-452-3634
駅南交番	053-456-2777
入野交番	053-447-1069
三方原交番	053-436-1277
【浜松東警察署】	
向宿交番	053-462-0133
【浜北警察署】	
小松交番	053-586-2214
【新居警察署】	
湖西市交番	053-575-0020
【細江警察署】	
中川交番	053-522-3422

吉原駅前交番	0545-33-0042
富士駅前交番	0545-61-6398
新富士駅前交番	0545-62-0511
富士駅南交番	0545-63-0913
【富士宮警察署】	
宮原交番	0544-23-2334
【清水警察署】	
草薙交番	0543-45-7538
袖師交番	0543-66-1315
清水駅前交番	0543-66-2186
桜橋交番	0543-66-1838
興津交番	0543-69-1061
相生交番	0543-52-1865
【静岡中央警察署】	
青葉通交番	054-252-6013
水落町交番	054-252-5330
静岡駅前交番	054-252-0930
下川原交番	054-258-0401
昭府交番	054-271-8271
丸子交番	054-259-6632
弥勒交番	054-255-4310
【静岡南警察署】	
曲金交番	054-283-5499
新川交番	054-283-5469
【藤枝警察署】	
藤枝駅前交番	054-636-1616
本町交番	054-643-7616

女性からの犯罪被害相談	
ひまわり窓口 「ひまわり窓口」の看板を掲出の交番。女性の警察官が対応。県下21警察署55交番	随時受付
【大仁警察署】	
田京交番	0558-76-2412
【三島警察署】	
伊豆長岡交番	055-948-0077
大社前交番	055-972-4711
函南町交番	055-978-3070
三島駅前交番	055-971-7032
広小路町交番	055-972-3101
中郷交番	055-977-1061
【熱海警察署】	
熱海駅前交番	0557-81-2587
中央交番	0557-81-6835
【沼津警察署】	
沼津駅前交番	055-951-2828
下香貫交番	055-931-1663
金岡交番	055-921-2737
清水町交番	055-975-0627
裾野市交番	055-992-0155
【御殿場警察署】	
御殿場駅前交番	0550-83-1549
【富士警察署】	
伝法交番	0545-52-2013
御幸町交番	0545-51-1387

御殿場警察署	0550-84-0110
富士警察署	0545-51-0110
富士宮警察署	0544-23-0110
蒲原警察署	0543-85-0110
清水警察署	0543-66-0110
静岡中央警察署	054-250-0110
静岡南警察署	054-288-0110
藤枝警察署	054-641-0110
焼津警察署	054-624-0110
島田警察署	0547-37-0110
榛原警察署	0548-22-0110
菊川警察署	0537-36-0110
掛川警察署	0537-22-0110
森警察署	0538-85-0110
磐田警察署	0538-37-0110
天竜警察署	0539-26-0110
水窪警察署	0539-87-0110
浜松中央警察署	053-475-0110
浜松東警察署	053-460-0110
浜北警察署	053-585-0110
新居警察署	053-593-0110
細江警察署	053-522-0110

防犯イエローページ

防犯に関する相談窓口ファイル

犯罪がおきたら…、危険を感じたら…、不審な人物を見かけたら…、防犯対策をと思ったら、すぐ電話を！

犯罪被害に関する相談　※相談は無料

各種犯罪被害や交通事故などの相談	
県警ふれあい相談室	月～金8:30～17:15 (祝祭日を除く)
054-254-9110(プッシュ回線#9110)	

ストーカー、DV、児童虐待等の相談	
生活安全相談所 県下29警察署(署生活安全課 または署刑事生活安全課)	月～金8:30～17:15 (祝祭日を除く)
下田警察署	0558-27-0110
松崎警察署	0558-42-0110
大仁警察署	0558-76-0110
三島警察署	055-981-0110
伊東警察署	0557-38-0110
熱海警察署	0557-85-0110
沼津警察署	055-952-0110

【参考文献】
「泥棒がねらう家　泥棒が避ける家」中谷彰宏／ダイヤモンド社
「家族と財産を守る　完全防犯マニュアル」中西崇／平凡社
「防犯セキュリティガイド　日経BPムック」日経BP社
「犯罪統計書　静岡県の犯罪」静岡県警察本部刑事企画課
「大切なわが家を守る防犯便利帳」ホームライフセミナー編／青春出版社
「安全ガイドブック　Self Defense」（財）全国防犯協会連合会
「新版ホームセキュリティガイド」（社）日本防犯設備協会
「自分を護るワザ教えます　鉄壁！防犯・防災講座」杉本憲昭／徳間書店

――取材協力――
静岡県警察
静岡市消費生活センター
静岡県農協暴力防犯対策協議会事務局
株式会社　フキ静岡
袋井市三川地区安心ネットワーク会議

取材／清水哲也
イラスト／柏木智子
表紙装丁／考える人工作事務所　篠塚康人

しずおか
防犯
MANUAL《マニュアル》

2006年2月24日 初版発行

発行者／松井純
編集・発行／静岡新聞社
〒422-8033
静岡市駿河区登呂3-1-1
電話　054-284-1666
印刷・製本／図書印刷（株）
ISBN4-7838-0758-2　C-0036
乱丁・落本はお取り替えします。